I0421438

Recviem pentru AMOS OZ

Editura SAGA 2019

Recviem pentru AMOS OZ

Editor: Adrian Grauenfels

Foto coperta: Wikimedia

foto pagina 1- *Amos Oz, The Art of Fiction No. 148*

Articole, eseuri şi interviuri cu şi despre AMOS OZ

Desene: Baruch Elron, colecţia Lydia Elron

Mulţumiri speciale d-nei Riri Sylvia Manor
pentru aportul
substanţial la promovarea
lui Amos Oz în spaţiul de limbă română

Editura SAGA

UN OMAGIU LUI AMOS OZ (1939-2018)

ANUNȚ

Autorul israelian **Amoz Oz** a murit la 79 de ani. Fiica lui Oz, istoricul Fania Oz-Salzberger, profesor la Universitatea din Haifa, a anunțat decesul lui cu următoarele cuvinte:

"Tatăl meu iubit a fost învins de cancer după un declin rapid. El a murit pașnic în somn, înconjurat de cei dragi. Oz a fost un scriitor prolific și celebru."

Amos Oz s-a născut în 1939 la Ierusalim, părinţii săi fiind originari din Polonia şi Rusia. La 15 ani s-a stabilit în kibbutzul Hulda,unde a practicat agricultura şi a predat la liceul local până în 1986, când s-a mutat cu familia în oraşul Arad aproape de Marea Moartă.

Autor a 40 de cărți și sute de eseuri și articole, este laureat al Premiului Israel și a decorat cu Legiunea de Onoare a Franței, printre numeroase alte premii și distincții literare. Cunoscut pentru romane și povestiri, precum și pentru lucrări nonficționale, Oz a scris o serie de cărți de valoare: Mihael al meu, Cutia neagră, În Țara Israel. Celebrul roman, „Poveste despre dragoste și întuneric", a fost adaptat pentru ecran în 2015 de Natalie Portman, care a jucat și a regizat filmul. Părinții lui Oz au emigrat în Israel din Europa de Est, unde - în Ierusalim, în 1939 - să născut fiul lor Amos. Când avea 12 ani, mama sa, care suferea de depresie, s-a sinucis. Doi ani mai târziu, la 14 ani, Oz a plecat de acasă să se alăture unui kibbutz.

Prima sa carte, scurta povestire „Acolo unde urlă şacalii" a fost publicată în 1965 fiind urmat de romanul ”Altundeva poate” (1966).

Editura Humanitas a tradus si publicat: ”Soţul meu, Michael” (1968; 2013), Până la moarte” (1971), ”Atinge apa, atinge vântul“ (1973), ”Muntele Sfatului Rău” (1976, 2012), ”Odihnă desăvârşită” (1982, 2011), ”Cutia neagră ”(1987, 2012), ”Poveste despre dragoste şi întuneric” (2002, 2008). Semnează eseuri literare, culturale şi politice, cele mai cunoscute aflându-se în ”Cum să lecuieşti un fanatic” (2006; Humanitas Fiction, 2011). În 2012, a publicat împreună cu fiica sa, istoricul Fania Oz-Salzberger, eseul ”Evreii şi cuvintele”.

A participat ca soldat la războiul din 1967 "De șase zile" și la "Yom Kippur" (1973) și a studiat filosofia și literatura de specialitate la Universitatea Ebraică din Ierusalim. Ultima lucrare publicata de Oz a fost „Dragi fanatici - scrisori dintr-un teritoriu împărțit”. Cartea, care tocmai a fost publicată recent în limba engleză, este o colecție de eseuri care explică dedicarea autorului luptei pentru pace printr-o soluție a două state. "Dragi fanatici-scrisori dintr-o țară divizată” nu este doar o carte de gânduri și idei", scrie scriitorul israelian David Grossman, "este o descriere a luptei unui om, care de zeci de ani a insistat să mențină o perspectivă ascuțită, stridentă și lucidă în fața haosului și în momentele de nebunie.

"Am două stilouri pe biroul meu", a declarat OZ în public, în timpul unei conferințe ținută în 2011 de la New York "Un stilou pentru a spune povești și un alt stilou pentru a spune guvernului să meargă în iad. Printre elogioase cuvinte de laudă și amintiri pentru Oz la vestea morții sale, președintele Israelului, Reuven Rivlin, a spus: "O mare durere coboară asupra noastră la intrarea în Shabat. Un titan literar ne-a părăsit. Splendoarea autorilor noștri. Un uriaș al umaniștilor. Să te odihnești în pace, iubitul nostru Amos. "

Cu Natalie Portman

Riri Sylvia Manor

Un scriitor devenit al nostru

"privind ecranul şi întrebîndu-se de ce personajele nu încetau să-şi impună unele altora tot felul de suferinţe şi umilinţe? Ce le împiedica să aibă puţină compasiune unele faţă de altele? Nu i-ar fi fost greu să le explice eroilor filmului, dacă ar fi fost de acord să-i asculte o clipă, că, dacă voiau să se simtă acolo ca acasă, trebuiau să se lase în pace unii pe alţii şi fiecare pe el însuşi. Să se străduiască să fie mai buni. Cel puţin pe cît posibil. Cel puţin atîta timp cît ochii văd şi urechile aud, chiar făcînd faţă oboselii din ce în ce mai putemice. Să fim buni, dar în ce sens? Întrebarea i se părea sofisticată. Pentru că totul era atît de simplu. Urmări povestea cu uşurinţă. Pînă cînd i se închiseră ochii şi adormi în scaunul său." (Sfîrşitul cărţii Fima de Amos Oz, Editura Polirom, 2008, traducere de Any Shilon)

Spre deosebire de orice alt autor care se bucură de faimă internaţională şi a fost tradus în limba română Amos Oz este unicul care, din primul moment cînd a venit în România, în 2003, să participe la Festivalul „Zile şi nopţi de literatură"de la Neptun, a devenit „al nostru".Am avut privilegiul să fiu catalizatorul acestei prime vizite şi este lesne de înţeles de ce mi se părea atît de importantă prezenţa Omului Amos Oz la Bucureşti şi la Neptun, printre scriitorii şi cititorii români, pentru începutul unei legături fertile şi captivante de cunoaştere şi apreciere reciprocă. Ştiam ca va fi o plusvaloare adăugată cititului cărţilor sale, căci Oz, care preda literatura la Universitatea din Beer Sheva, era şi un pro-fesor înnăscut, care poseda un mod cu totul şi cu totul original de a-şi expune un sublect firesc, dinamic, neaşteptat, profund şi, totodată, fiecare conferinţă era presărată cu un simţ al umorului unic prin subtilitate şi isteţime. Ascultîndu-i, pentru prima oară, la Festivalul de la Neptun, prelegerea despre „cum să lecuieşti un fanatic", cei prezenţi au fost fermecaţi şi au avut impresia ca îl cunosc de mult, le devenise deja drag şi apropiat. Pentru Amos Oz, fanatismul este cea mai gravă boală a secolului. Despre eseul său *Cum să lecuieşti un fanatic* (publicat la Editura Humanitas, în două ediţii, traducere de Dan Ligia llin, cu un „Cuvînt înainte" de Nadine Gordimer), Radu Cosaşu a scris în *Dilema veche* că este „un text care nu îşi are pereche în ziaristica română, atît prin inteligenţa sa, cît şi prin forţa pe care o conţine".

Cuvîntarea sa, la primirea Premiului Ovidiu, în 2004, a rămas legendară în memoria celor prezenţi.„ în momentul în care izbucneşte un incendiu există trei posibilităţi: să fugi cît mai departe cu putinţă; să faci o petiţie şi să ceri demisia guvernului sau să tomi apă peste foc, atît cît e posibil, un pahar, şi dacă nu ai la îndemînă un pahar, atunci o linguriţă. Fiecare fiinţă umană are o linguriţă. Noi nu trebuie să fim cei care fug, noi trebuie să fim purtătorii de linguriţe". Şi, în continuare: „Nici un om nu e o insulă - a spus poetul englez John Donne, şi trebuie să avem drep-tul de a rămîne peninsulă. Resping sistemele politice care vor să înghită individul într-o masă, să facă din el o moleculă dintr-un sistem. Dar resping şi ideologiile care recomandă tuturor indivizilor să fie insule, deconectate de restul umanităţii şi în conflict cu aceasta. Poate că trebuie să fim lăsaţi cel puţin parţial nerezolvaţi; legaţi pe jumătate de meleaguri-le familiilor noastre, comunităţilor şi societăţilor noastre şi pe jumătate neschimbaţi, nemanipulaţi şi nereeducaţi". „De fapt, tonul congresului l-a stabilit Amos Oz", a scris Eugen Uricaru, preşedintele de atunci al Uniunii Scriitorilor din România, în *Luceafărul*, precizînd: „După discursul său de la Neptun, nu se mai putea să vorbeşti într-un mod mediocru sau neinteresant". Iolanda Malamen, care i-a luat atunci un interviu, publicatîn cartea *Depozite de supravieţuire*, la Tracus Arte, în 2013, l-a întrebat despre scrisul său scăldat în melancolie şi Amos a răspuns: „E adevărat, în cărţile mele există foarte multă melancolie, dar ea e îmbinată tot timpul cu umor. Cred că situaţia tuturor este de o sfîşietoare tristeţe: mîine o să fim bolnavi şi poimîine o să murim. Noi sau oamenii pe care îl iubim. Dar flecare zi care trece e plină de daruri. Astăzi, m-am trezit foarte devreme dimineaţa şi m-am dus încă o dată să văd Marea Neagră. Pentru că în curînd voi pleca de aici. Toate păsările Mangaliei, pe care eu o numesc Magnolia, au cîntat numai pentru mine, fiindcă toţi ceilalţi dormeau. Şi eu am spus: «Păsărilor, îmi faceţi o mare cinste: o mie de păsări cîntă pentru un singur om?!». După aceea, am văzut că şi marea cîntă numai pentru mine şi am vrut să aplaud.

Aşa că: melancolie - da! Cu multe punţi de bucurie".

A treia carte a sa, romanul *Soţul meu, Michael*, a fost aleasă una dintre cele mai importante cărţi ale secolului al

XX-lea. Devenit laureat a numeroase premii: Femina, Officier des artes et letters în Franţa, Premiul pentru Pace la Tirgul de Carte de la Frankfurt, Premiul „Primo Levi", Premiul Kafka, Premiul Goethe, Premiul de Stat din Israel, Premiul Ovidiu la Festivalul de la Neptun din 2004 şi primind titlul de *doctor honoris causa* la Facultatea din Bucureşti în 2012, avînd o serie de autor editată de Denisa Comănescu, la Humanitas Fiction, citat foarte des, considerat un Cehov al vremurilor noastre şi o prezenţă literară sine-qua-non pentru formarea unei culturi generale în România, s-ar putea spune că Amos Oz a intrat, pe bună dreptate, în „hard-diskul" acestei ţări. Sînt sigură că va fi interesant pentru cititorii de limbă română de pretutindeni să afle ce a spus Amos Oz despre România, la lansarea cărţii *Să cunoşti o femeie*, tradusă de Antoaneta Ralian, la o seară cu publicul israelian de origine română pe care am organizat-o cu Asociaţia de Scriitori Israel-România, sub egida Ambasadei României, la Casa Ziariştilor din Tel Aviv, în 2007, şi cu invitaţi din Romania, Eugen Uricaru şi loana leronim: „In zilele cît am stat în Romania, am avut impresia că ştiu aceste locuri, că-i cunosc dintot-deauna pe oamenii de acolo. Parcă şi mirosurile le ştiam de undeva. M-am împrietenit cu multă lume şi am comunicat firesc, de parcă am fi trăit o viaţă împreună. Pe urmă am înţeles cauza. În lerusalimul mandatar unde am copilărit, mă duceam adesea să îmi cumpăr dulciuri de la o mică prăvălie din vecinătate. Proprietarii erau români, vorbeau româneşte şi urechea mea de copil înregistra ritmul vorbirii lor, reţinea cuvintele... Odată i-am auzit pe cei doi, soţ şi soţie, fredonînd cîntece româneşti. Aroma acestei prăvălioare, cîntecele, vorbirea mi-au revenit viu în minte cînd mă plimbam în România. Pe români i-am cunoscut, de asemenea, în kibuţul Hulda. Compar dorul de locul copilăriei al evreilor români - care au emigrat purtînd în suflet necazurile, nedreptăţile, jignirile pe care le-au suferit uneori acolo - cu dorul pe care îl poţi avea după o femeie iubită care te-a părăsit, chiar dacă nu ţi-a fost întotdeauna bine cu ea".

De multe ori, cînd mă întorceam în Israel, purtam în valiză un text publicat despre el în România, îl traduceam în ebraică şi îi trimiteam. La o întrebare pusă de *Dilemateca* scriitorilor şi personalităţilor marcante din România - pe cine aţi dori să invitaţi acasă, la cină? majoritatea au răspuns „pe Amos Oz", şi i-am trimis şi acea revistă.

Se bucura cînd îi spuneam şi îi aduceam dovezi despre cît de iubit şi de prezent e în România. Pe 29 decembrie 2018, Amos Oz a trecut în nefiinţă. S-a stins la el acasă, înconjurat de familie. În faţa sicriului, preşedintele Statului Israel, Reuven Rivlin, Fania Salzberg Oz, fiica sa, cu care a scris extraordinara carte *Evreii şi cuvintele*, şi cei doi nepoţi, Din şi Nadav, au vorbit despre durerea despărţirii de Amos. O mulţime impresionantă de oameni a venit să îi aducă ultimul omagiu. A fost înmormîntat în kibuţul Hulda, care l-a adăpostit cînd a dorit să părăsească o casă unde nu mai se simţea „acasă", unde la 14 ani s-a transformat din Klausner în Oz (în ebraică, Oz înseamnă „curaj") şi unde a scris primele rînduri ale primei cărţi, kibuţul unde a cunoscut-o pe Nilly Zuckerman şi bucuria de a deveni părinte. În ziua de 2 ianuarie am fost la el acasă, pentru a prezenta condoleanţele mele, în Ramat Aviv. Pe toţi pereţii camerelor, de la podea pînă la tavan, erau cărţi, mii de cărţi, rămase orfane, şi parcă le citeai pe copertă tristeţea şi îngrijorarea cu privire la soarta lor în viitor. Cît s-o fi bucurat, pînă nu demult, Amos Oz de prezenţa lor! Că poate să întindă mîna, să ia o carte şi să navighezeîn imensul întredeschis al cărţii. Şi ce senzaţie senzuală să atingi o carte, să o miroşi, să o reatingi, să o preţuieşti pentru promisiunea ei de a fi relevantă pentru tine. Da, era o casă foarte bogată în cărţi mîndre că sînt cărţi şi mîndre că sînt cărţile alese de Amos Oz, o casă cum nu vei mai vedea în viitor.

Riri Sylvia Manor cu Amos Oz, în februarie 2018, la Casa Bialik din Tel Aviv, unde s-au sărbătorit 50 de ani de la apariţia romanului *Soţul meu, Michael*, care a fost cotată ca una dintre cele 100 cele mai importante cărţi ale secolului al XX-lea

Fac un ultim popas pe meleagul unde s-a născut *Poveste despre dragoste şi întuneric* şi unde „singura călătorie din care niciodată nu te întorci cu mîinile goale este călătoria în tine însuţi". Într-o parte a bibliotecii lui Amos Oz erau concentrate cărţile de poezie şi mi-am adus aminte că, în cărţile sale, sînt atîtea imagini poetice: „a început să se zvîrcolească în el însuşi ca un peşte care a înghiţit momeala şi cîrligul i s-a înfipt în carne"; „Îi plăcea să cuibărească degetele reci în mîinile lui mari de parcă ar fi încercat să încălzească nişte puişori îngheţaţi; „şi după aceea au zăcut înlănţuiţi nu atît ca un bărbat şi o femeie, cît ca doi oameni îngheţaţi noaptea în zăpadă şi el a rămas cuibărit în pîntecele ei";

„După moartea soţiei, într-o seară şi-a dat seama că trupul pe care îl dorea era îngropat în pămînt".

Amos Oz era foarte mîndru de reînvierea limbii ebraice în Israel, după 1.700 de ani, un fenomen care nu s-a mai întîmplat cu nici o altă limbă din lume. Cu cît har a povestit, într-o conferinţă la Universitate, că cine a sărutat frumoasa din pădurea adormită pe buze şi a înviat-o a fost Eliezer Ben-Yehuda şi că astăzi sînt 10 milioane de vorbitori de ebraică în lume, mai mult decît erau vorbitorii de engleză pe vremea lui Shakespeare!

Şi ca poveste personală: ducîndu-se la Roma, să viziteze cu familia sa Colosseumul - cea mai mare construcţie a lumii antice - şi coloanele şi basoreliefurile cu sclavii evrei luaţi în robie şi biciuiţi de către romani, atenţia i-a fost atrasă de o gheretă umilă de la intrare. Acolo se vindeau broşuri explicative în toate limbile lumii. Bineînţeles că existau şi broşuri în limba ebraica - a spus Amos Oz. O singură limbă lipsea la Colosseum. Nici o broşură nu era scrisă în limba latină. Şi atunci - adaugă Oz - nepotii lui, Din şi Nadav, au văzut cum i s-au umplut ochii de lacrimi.

Nu se poate termina un articol despre Amos Oz fără a sublinia şi îndelunga sa activitate politică în Israel în slujba ideii a două state pentru cele două popoare. În ultima sa conferinţă, ţinută destul de recent, Amos Oz a comparat relaţiile dintre israelieni şi palestinieni cu o rană plină de

„E adevărat,
în cărţile mele există
foarte multă melancolie,
dar ea e îmbinată tot
timpul cu umor.
Cred că situaţia tuturor
este de o sfîşietoare
tristeţe: mîine o să fim
bolnavi şi poimîine o să
murim. Noi sau oamenii
pe care îi iubim. Dar
fiecare zi care trece e plină
de daruri.“

Amos OZ

puroi, care sîngerează şi care trebuie vindecată şi nu zgîndărită cu un băţ. „Nimic nu e ireversibil, spunea Oz, numai moartea e ireversibilă şi asta o să merg în curind să controlez!" După aceste afirmaţii, a făcut o mică pauză şi apoi a adăugat: „Şi nu ştiu dacă am să mă întorc să vă povestesc!". Scria în urmă cu cîteva zile Igal Schwartz, în *Haaretz*: „Epoca în care Amos Oz era unul dintre eroii ei s-a terminat cu mult înainte de moartea lui. Oz o ştia. Cu simţurile sale ascuţite şi cu capacitatea minunată pe care o avea de a transforma senzaţii şi intuiţii în opere de creaţie, el a documentat procesul de prăbuşire a epocii sale în timp real şi a scris o serie de cărţi requiem despre lumea şi perioada lui de timp, de asemenea, a proorocit traiectorille de schimbare cu oamenii perioadei următoare".

* Text aparut în OBSERVATOR CULTURAL 10-16 Ianuarie 2019

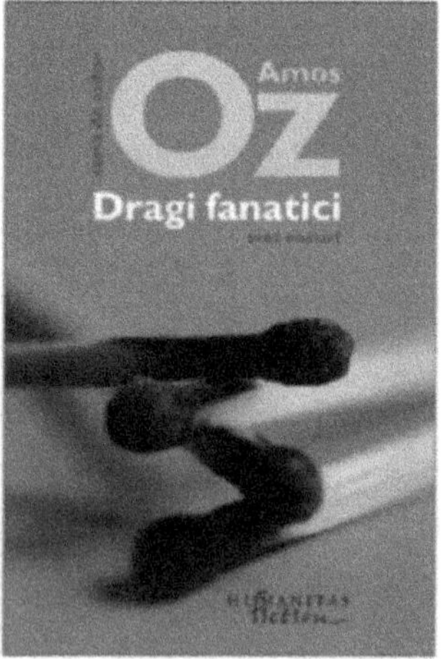

Riri Sylvia Manor și Amos Oz *

Riri Sylvia Manor născută Aberfeld – în anul 1935, la București, într-o familie de evrei a iubit cărțile de mic copil, a scris poezie, a înterupt mulți ani împărtășirea prin vers a bogăției sale interioare, și-a dorit să urmeze filologia, dar oarece rațiuni și vremurile atât de convulsionate au împins-o către medicină și în anul 1960 a călătorit pentru prima dată cu avionul, cu frica încă cuibarita în suflet, să nu fie întoarsă din drum. A fost drumul către Israel, unde a făcut alyia și și-a început specializarea în oftalmologie la Spitalul Belinson și la Universitatea de Medicină din Tel Aviv, apoi specializarea în neuro-oftalmologie la Universitatea California din San Francisco. A urmat o carieră de medic devotat, răsplătită în anul 2015 de către statul Israel cu Premiul Opera Omnia pentru activitatea științifică. Și trebuie specificat, pentru cei care nu știu, că după 1990 s-a implicat activ în activitatea medicală oftalmologică în România.

"Din 2000 reîncepe, după 40 de ani de întrerupere, să scrie poezie în limba română. În 2002 înființează Societatea de Scriitori Israel – România. Cu ocazia primelor festivaluri „Zile și nopți de literatură" de la Neptun, colaborează cu uniunile scriitorilor din ambele țări; astfel vine pentru prima oară în România Amos Oz, împreună cu alți 13 scriitori israelieni importanți; de asemenea, în 2012 redactează un număr al revistei israeliene Moznaim dedicat literaturii române actuale, pentru care i se decernează Premiul Alexandru Șafran. În Israel publică două cărți de poezie și primește Premiul Ofer Lieder, iar în România publică patru volume: Privind (2000), Save as… (2007), Pestriț (2010), Încă (2015), și I se decernează Premiul Lucian Blaga.

În Israel îi apare o carte care se traduce în limba arabă (1996), iar în Franța – volumul Bariolée, tradus de Irina Mavrodin (2011). Împreună cu Ioana Ieronim, traduce în română cartea de poeme Șeherezada, a poetei israeliane Agy Mishol (2009)."

** Text preluat din Internet - www. filme-carti.ro*

CITATE

Amos Oz ca toți marii scriitori este mai presus de orice un mare poet și am să vă dau numai câteva din numeroasele exemple:

"Își plăcea să îi cuibărească degetele reci în mâinile lui mari de parcă ar fi încercat să încălzească niște puișori înghețați"

"...și după aceia au zăcut înlănțuiți nu atât ca un bărbat și o femeie cât ca doi oameni înghețați noaptea în zăpadă și el a rămas cuibărit în pântecele ei"

După moartea soției într-o seară "și-a dat seama că trupul pe care îl dorea era îngropat în pământ" "a început să se zvârcolească în el însuși ca un pește care a înghițit momeala și cârligul i s-a înfipt în carne"

"...purta fulare care îi inviorau taioarele cenușii ca un strat de flori la marginea unei alei de beton"

Riri Sylvia Manor

'Oz is a writer of revelatory genius' *Guardian*

AMOS OZ

Scenes from Village Life

By the author of *A Tale of Love and Darkness*

Riri Sylvia Manor

"Să cunoşti o femeie" de Amos Oz

Însemnări cu ocazia reapariţiei romanului în limba română la Editura "Polirom", în traducerea Antoanetei Ralian.

Yoel, eroul cărţii "Să cunoşti o femeie", este un erou al timpului nostru. Dotat cu o inteligenţă şi o memorie superioară, cu o putere de concentrare demnă de invidiat, serios şi devotat profesiunii sale, devenit o stea în domeniul său, căsătorit de ani de zile cu aceeaşi femeie, funcţional, eficient, adaptat şi neproblematic, pe scurt un stârnitor de aplauze. Un reuşit în viaţă. Dar oare înseamnă aceasta si a iti reuşi viaţa?

Yoel - poate cel mai bun agent al serviciului de securitate - este un diagnostician de suflete profesional. De judecata sa depind vieţile multor israelieni în viitor. El ştie ca nimeni altul să cântărească oamenii dintr-o privire, să le pătrundă secretele, să îi descifreze.

Dar, Yoel nu şi-a cunoscut tatăl care a părăsit familia când el avea un an; Yoel şi-a cunoscut soţia pe întuneric, a cerut-o de nevastă la a doua întâlnire, tot pe întuneric, dar, de fapt, nu a cunoscut-o nici după lumina distribuită de două zeci de ani de căsătorie; Yoel nu a fost în stare nici măcar să descifreze cine este de fapt propria sa fiică.

În apartamentul lor compus din trei camere şi un living-room, soţia sa Ivria avea o odaie care "era teritoriul ei exclusiv, apărat mereu prin uşa grea cafenie. De ani de zile nimeni nu ridicase vocea în apartamentul lor. Tatăl, mama şi fiica erau întotdeauna atenţi să nu se deranjeze unul pe celălalt. De câte ori vorbeau între ei o făceau într-o manieră politicoasă. Fiecare îşi cunoştea propriile graniţe".

Ce descriere extraordinară a apartamentelor în care totul este politicos, corect şi, s-ar părea că ai nevoie de un paşaport ca să treci dintr-o cameră în cealaltă!

"Cu excepţia weekend-urilor ei luau mesele separat, la orele care le conveneau fiecăruia. Existau în casă trei aparate stereo. Din consideraţie reciprocă, diferite genuri de muzică erau ascultate la volum scăzut, cu uşile camerelor închise ca să nu se deranjeze unii pe alţii.

De ani de zile în living- room nu stătea nimeni, încăperea era îngrijită, curată şi pustie, cu excepţia vizitei bunicelor, când toţi trei părăseau bârlogurile şi se reuneau acolo".

La această singurătate în trei există în cartea lui Amos Oz o concurenţă :
singurătatea vecinului lor văduv, Itamar, omul stăpânit de teama constantă că a spus sau că a făcut ceva care nu se cuvenea.

Personal, cred că cea mai grea formă de singurătate, e singurătatea într-o casă plină cu oameni şi, în consecinţă, că Yoel e mai singur decât Itamar.

Ca şi lui Cehov, lui Amos Oz- fiind un mare cunoscător al condiţiei umane - nu îi trebuiesc multe rânduri ca să descrie o situaţie la care poţi cugeta, după aceea, jumătate de an. "Când a murit Itamar, toţi trei copiii lui au venit întovărăşiţi de neveste şi de avocaţi. În toţi anii nu veniseră să îl viziteze nici măcar o singură dată."

Cât de puţine rânduri şi cât de bine poţi înţelege faptul, ades ignorat, că cele mai mari dureri ne pot fi provocate nu de duşmani, nu de străini ci, de cei mai apropiaţi de noi cu putinţă, de cei cu care locuim în aceeaşi casă, sau în aceeaşi familie, după cum glonţul tras de un revolver aflat lângă corp e mult mai ucigător decât cel tras de un revolver aflat pe altă stradă.

Eroii lui Cehov se simţeau izolaţi în provincia lor, visau largul lumii. Eroii moderni trăiesc toţi într-o provincie, în satul global care ajunge peste tot şi, pot evada numai rezistând uniformităţii. Moartea soţiei lui Yoel, accident sau sinucidere, împreună cu moartea vecinului Itamar, poate vecin, poate amantul Ivriei, deschide "cutia Pandorei" a întrebărilor, deschide o potecă pe care Yoel se angajează fără să ştie unde îl va duce. Nu numai viaţa lui Yoel este răsturnată ci însăşi identitatea sa, cunoaşterea de sine, concepţia asupra lucrurilor şi a lumii.

Albert Camus scrisese că "se întâmplă câteodată că toate decorurile se prăbuşesc. Te trezeşti dimineaţa, patru ore de birou sau uzină, pauză, tramway, alte patru ore de lucru, odihnă, somn şi luni, marţi, miercuri, joi, vineri şi sâmbătă, în acelaşi ritm. Acest drum este urmat majoritatea timpului. Numai că, într-o singura zi, "de ce-urile" se ridică deodată şi totul începe atunci, în această oboseală amestecată cu uluire".

Yoel renunţă la lucru şi se opreşte din fuga cotidiană. Pentru întâia oară, probabil, se descifrează pe sine însuşi, se aude, simte că totul în el are nevoie de timp. Timpul necesar de a înţelege şi a pipăi lucrurile vagi care, în fond, sunt esenţialul. "Marea nu fuge"- repetă Yoel.

Yoel, care a funcţionat ani de zile ca un ceas elveţian, fabricat din materiale acceptabile şi stârnitoare de aplauze; Yoel, care de atâta funcţionalitate a rămas paralizat sufleteşte. Yoel de odată nu mai ştie cine este. Yoel este în devenire. Timpul nu contează când eşti în devenire.

"Marea nu fuge". Iar când devi ai timp. "Călătoria din care niciodată nu te întorci cu mâinile goale, este călătoria în interiorul tău", spune Amos Oz în alt roman al său. Este o călătorie obositoare, traumatică, care-ţi cere mult curaj dar, fără de care, funcţionăm cum funcţiona Yoel, adică nu ne vedem, nu ne atingem sau ne atingem anesteziaţi, amputaţi de membre, ca schilodul misterios întâlnit de Yoel.

"Cel care şi-a pierdut mâinile şi picioarele, nu poate fi niciodată răstignit", scrie Amos Oz.

Yoel în acel moment al existenţei sale are nevoie de timp şi nu de bani, nu de aplauze şi nu de reţete de fericire puse în priză. Şi, din clipa în care există o armonie între ceea ce simte şi ceea ce face, Yoel capătă puterea să reziste. Curajul să rezişti este - după părerea mea - calitatea cea mai importantă, în vremea noastră de infantilizare în masă.

El rezistă presiunilor mamei sale de a fi ca ceilalţi şi de a lucra. De asemeni el rezistă manipulaţiilor şi presiunilor şefului său care îi cere să se reîntoarcă la misiunile sale imposibile. De fapt Yoel începe să meargă când se opreşte din fugă.

Şi pe măsură ce rezistă, ce trăieşte după propriul său ritm, el creşte în ochii noştri şi, îl simţim mult mai aproape de noi, decât pe vremea când era stârnitorul de aplauze, universal accceptabil.

Yoel, la sfârşitul cărţii, nu a descifrat toate secretele. "Toţi oamenii au aceleaşi secrete" spune unul din personaje. Când Yoel se oferă ca voluntar într-un spital, el nu se simte înjosit să facă treburile cele mai simple. Fie că va reuşi să descopere ce s-a petrecut, ori nu, Yoel de la sfârşitul cărţii este un om mai curajos decât atunci când pleca în misiuni periculoase, este un Yoel care a avut curajul de a se da jos de pe banda rulantă a consensului, este un Yoel care, fiind atent la el însuşi, vede mai bine şi distinge toată gama nuanţelor dimprejur. Yoel a devenit de fapt cu mult mai real.

Şi, de aceea, când un doctor tânăr îi spune că e "tont", Yoel nici măcar nu se simte umilit. Când eşti real nu poţi să fi umilit decât de către cei care nu înţeleg. Yoel în interiorul său ştie, nu mai are nevoie de aprobare şi de aplauze, el îşi cunoaşte limitele şi astfel le lărgeşte, îşi învaţă culorile proprii şi astfel învaţă să trăiască cu ceaţa şi cu vagul şi, cu noi cei care îi semănăm.

Cartea lui Amos Oz seamănă cu o simfonie, pricepi mai bine muzica sa interioară, citind-o a doua oară. Citind-o, mergem înspre noi, pe drumul pavat cu atâtea şi atâtea semne de întrebare. "Marea nu fuge”.

POLIROM
Top 10+
AMOS OZ
Să cunoşti o femeie

Amos Oz la Tzafta

În ziua de 17 Mai la ora 17, sub egida Institutului Cultural Român din Tel Aviv , a avut loc la Tzafta în Tel Aviv o întâlnire cu cel care a vrăjit România cu arta sa de povestitor - celebrul scriitor israelian Amos Oz.

De la primele cărţi traduse în limba română şi mai ales începând de la prima să vizită în România în 2003 Amos Oz a fost înconjurat cu dragoste, admirat şi solicitat de ziarişti, de critici literari şi de personalităţile cele mai cunoscute ale radioului şi televiziunei .

Spre deosebire de alţi autori care se bucură de faimă internaţională şi care bineînţeles sunt sărbătoriţi în timpul vizitei lor în România -Amos Oz este unicul care a continuat să fie o prezenţă vie şi în intervalele dintre cele trei vizite ale sale (2003, 2004 şi 2012), să fie mereu citat şi pomenit .La întrebarea revistei "Dilematica" şi adresată celor mai marcante personalităţi din viaţă publică română: "Dacă ar fi posibil pe cine aţi invita seara la cină la dumneavoastră acasă şi dece ? "majoritatea au răspuns: "Pe Amos Oz". E demn de menţionat că atunci când invitatul virtual preferat al intelectualilor români a fost Amos Oz, autorul-laureatul Premiului Ovidiu în 2004 - nu mai fusese de cinci ani în România.

După cum se ştie anul acesta la "Humanitas" Denisa Comănescu a luat înţiativa să îi retipărească operele:

"Serie de autor Amos Oz " şi astfel el a fost în Februarie 2012 invitatul de onoare şi sărbătoritul la Atheneul Român – în dialog cu editorul său, domnul Liceanu deasemenea a dat conferinţe de presă importante şi a primit titlul de Doctor Honoris Causa la Universitatea Bucureşti.

La Tzafta seara a fost deschisă de Doamna Gina Pană Preşedinte ICR Tel Aviv şi de Ambasadorul României în Israel Excelenţa Sa Domnul Edward Iosiper.

La masa rotundă la care s-a discutat despre "Traducerea şi receptarea operei lui Amos Oz în România" a vorbit despre subiect Denisa Comanescu editor principal al seriei de autor "Amos Oz", director general al editurii Humanitas secţia Fiction.

După aceea moderatoarea serii Marlena Braester poetă, lingvistă şi traducătoare a câtorva române ale lui Amos Oz şi Any Shilon traducătoare de asemenea a câtorva romane a lui Oz au vorbit captivant despre un subiect captivant: ritmul traducerii, traducerea ritmului.

După aceea eu am luat cuvântul şi povestit din nou despre anul 2003 când am recomandat călduros lui Amos Oz să accepte invitaţia de participare la Festivalul internaţional de literatură dela Neptun "Ovidiu". În această prima vizită, din primul moment de contact personal cu scriitorii prezenţi acolo, dela primele interviuri şi reportaje, dela prima prelegere a intrat aş spune în "Hard Discul" României

"De fapt tonul congresului l-a stabilit Amos Oz:" După discursul sau la Neptun-a scris Eugen Uricariu în "Luceafărul"- nu se mai putea să vorbeşti într-un mod mediocru sau neinteresant"

Iar Radu Cosaşu a scris în DILEMA despre eseul "Cum să lecuiesti un fanatic" ca fiind " un text care nu îşi are pereche în ziaristica română atât prin inteligenţa sa cât şi prin forţa pe care o conţine"...

"În momentul în care izbucneşte un incendiu -a spus Amos Oz la Neptun în 2003 - există trei posibilităţi: să fugi cât mai departe cu putinţă; să faci o petiţie şi să ceri demisia guvernului ;să torni apă peste foc, atât cât e posibil, un pahar, o linguriţă. Fiecare fiinţă umană are o linguriţă. Noi nu trebuie să fim cei care fug, noi trebuie să fim purtătorii de linguriţe."

"Ca şi lui Cehov lui Amos Oz nu îi trebuiesc multe cuvinte ca să construiască o lume" a spus scriitorul român Christian Teodorescu. În cartea lui Oz publicată în România "Să cunoşti o femeie" aş putea cita ca exemplu: "Când a murit Itamar toţi trei copiii lui au venit întovărăşiţi de neveste şi de avocaţi. În toţi anii nu veniseră să îl viziteze nici măcar o singură dată .."Cât de puţine cuvinte şi cât de mult poţi înţelege...

Poetul englez John Donne a spus că nimeni nu e o insulă la care Amos Oz într-un interviu acordat României Literare a adăugat :

"Fiecare e o peninsulă. Ideologic și politic cred că trebuie să avem dreptul de a rămâne peninsulă. Resping sistemele politice care vor să înghită individul într-o masă, să facă din el o moleculă dintr-un sistem. Dar resping și ideologiile care recomandă tuturor indivizilor să fie insule, deconectate de restul umanității și în conflict cu aceasta. Dacă mi-aș putea formulă răspunsul că pe o lozinca politică aș spune:

VOTAȚI CU PENINSULA!"

Riri Sylvia Manor

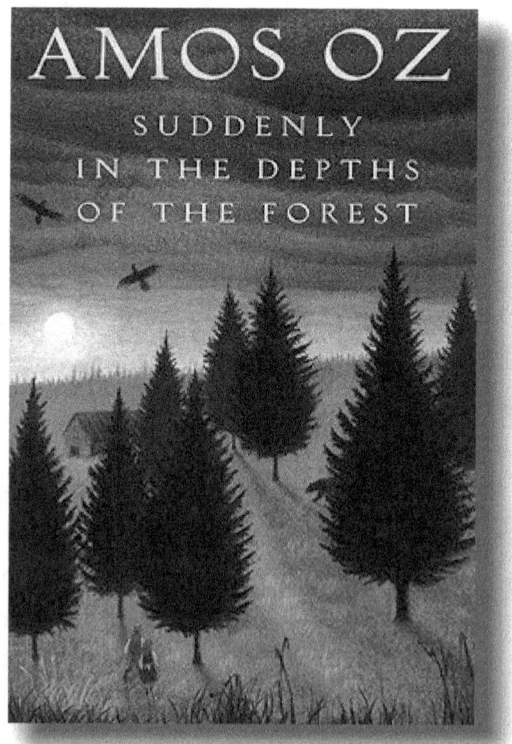

Afiș – Martie 2005

AMOS OZ cu ocazia aparitiei romanului
"Sa cunosti o femeie"
(Editura Polirom) in traducerea Antoanetei Ralian.
Evenimentul va avea loc pe
data de Joi 3 ***Martie 2005*** *ora 18 la Beith Sokolov,*
strada Kaplan 4, Tel Aviv

Cuvant de deschidere: Excelenta Sa
D-na Valeria Mariana Stoica
Ambasadoarea Romaniei
in Israel si Scriitorul Eugen Uricaru
Presedintele Uniunii Scriitorilor din Romania

Amintiri " virtuale" despre Amos Oz
- Dr. Leon Volovici
de la Universitatea Ebraica Ierusalim

"Sa cunosti o femeie" - Ioana Ieronim
Secretar general
Centrul P.E.N. Romania
cu Riri S. Manor - Presedinta I.R.A.S.

Note de la lansare - Riri Sylvia Manor

Cu prilejul apariției în România a romanului "Să cunoști o femeie" în Editura Polirom și în traducerea Antoanetei Ralian, a avut loc Joi seara, la Casa Ziariștilor "Sokolov" din Tel Aviv o întâlnire a publicului vorbitor de limba română cu scriitorul Amos Oz.

Au fost prezente peste 300 de persoane și au venit special din România pentru a participa la eveniment : Domnul Eugen Uricaru – președintele Uniunii Scriitorilor din România, și Doamna Ioana Ieronim- secretar general al Penului din România iar Institutul Cultural Român a dat sprijinul sau organizării acestei manifestații culturale. Riri Manor a început seara citind frazele de încheiere ale romanului "Să cunoști o femeie" și apoi a declarat: "Nu e o legendă dar Amos Oz, scriitorul israelian al cărui roman " Michael al meu" a fost ales printre cele 100 de romane mai importante ale secolului 20; scriitorul laureat a numeroase premii internaționale și care a fost în 2004 laureatul importantului premiu Ovidiu în România; scriitorul care va primi fără îndoială în curând și Premiul Nobel pentru literatură; scriitorul Amos Oz se află printre noi." A urmat imediat cuvântul de salut al D-nei Dr. Valeria Mariana Stoica – Ambasadoarea României în Israel - după care scriitorul Eugen Uricaru a vorbit despre relațiile de prietenie și colaborare fructuoasă între scriitorii români și israelieni. Dr. Leon Volovici dela Universitatea Ebraică din Ierusalim a evocat amintiri legate de un studiu făcut în România , înainte de aliaua în Israel, despre Amos Oz și de faptul că a fost singurul nou venit din ulpan care- la întrebarea profesoarei de ebraică despre Amos Oz - a știut să răspundă. Dânsul a vorbit și despre scrisul lui Amos Oz, creator larg apreciat în lume și tradus în numeroase limbi.

Vorbitorul a apreciat totodată calitatea traducerii cărții de către scriitoarea Antoaneta Ralian. În continuare cunoscută actrița Tatiana Olier Cannelis de la Teatrul Habima a citit un fragment din volum iar Doamna Ioana Ieronim a dat citire unui mesaj scris pentru cei prezenți de către strălucita traducătoare a cărții în română D-na Antoaneta Ralian (care din păcate nu a putut veni ea însăși) și a vorbit apoi despre vizitele D-lui Oz în România și imensul success de care s-a bucurat în public și în presă și despre faptul că Amos Oz a declarat – fiind pe malul Marii Negre- că "a stat de vorbă cu anticul Ovidiu", care are în comun cu poporul evreu faptul că a fost exilat
În continuare Riri S. Manor – președinta "Israel - România, Asociație de Scriitori" și organizatoarea serii – a prezentat o amplă recenzie a romanului și a remarcat printre altele: "Ca și lui Cehov lui Amos Oz – fiind un mare cunoscător al condiției umane – nu îi trebuiesc multe rânduri ca să descrie o situație la care poți cugeta după aceia o jumătate de an. "Când a murit Itamar toți trei copiii lui au venit întovărășiti de neveste și de avocați. În toți anii nu veniseră să îl viziteze nici măcar o singură dată.."

Cât de puține rânduri și cât de bine poți înțelege faptul adesea ignorat că cele mai mari dureri ne pot fi provocate nu de dușmani, nu de străini ci de cei mai apropiați de noi cu putință, de cei cu care locuim în aceiași casă sau în aceiași familie după cum glonțul tras de un revolver aflat lângă corp este mult mai ucigător decât cel tras de un revolver aflat pe altă stradă. "În ea de a două parte a serii Amos Oz a vorbit despre impresiile sale din România, despre Europa care e prezentă peste tot în Israel și despre momente din copilăria să la Ierusalim.

În viitor vom reveni cu traducerea discursului pe românește.

La încheierea discursului lumea era complet fermecată, toți cei prezenți s-au sculat în picioare și l-au ovaționat îndelung pe Amos Oz, omul și scriitorul...

Vorbind cu Amos, Ioana Ieronim i-a spus că se simte în aer un val imens de căldură la adresa sa la care scriitorul a afirmat că aceasta este "a two ways directions".

***

AMOS OZ

CUM SĂ TĂMĂDUIEȘTI UN FANATIC*

A vâna o bandă de fanatici în munții Afganistanului este un lucru și a combate fanatismul este cu totul altceva. Nu posed cunoștințe particulare în domeniul vânatului în munți dar am anumite păreri despre natură fanatismului și despre căile de a te măsură cu el.

Atacul îndreptat contra Americii în ziua de 11 Septembrie nu a fost legat de sărăcie împotriva bogăției. Pur și simplu nu a fost vorba despre cei care nu au și cei care au (Dacă lucrurile ar fi stat atît de simplu ne-am fi putut aștepta că atacul să vină din partea Africii – cei mai săraci - și să fie îndreptat contra Arabiei Saudite și a statelor producătoare de petrol – cei mai bogați).

În realitate bătălia se poartă între fanatici care cred că scopul – orice scop- justifică toate mijloacele și între cei care credem că niciun fel de scop nu justifică toate mijloacele.

Criza prezentă în lume, în Orientul Mijlociu, în Israel/ Palestina, nu este despre "valorile Islamului" și nici despre " mentalitatea Arabilor" ci este vorba de vechea bătălie între fanatism și pragmatism.

Fanatismul este mai vechi decât Islamul sau creștinismul, mai vechi decât orice stat sau guvernământ sau sistem politic sau ideologie sau religie. Din nefericire fanatismul este un component veşnic prezent în natura umană. Oamenii care aruncă în aer clinici în care se fac avorturi în America sau ard moscheie şi sinagogi în Germania nu se deosebesc de Bin Laden decât prin proporţie dar nu prin natura crimelor lor.

11 Septembrie a stârnit tristeţe, manie, uluire, şoc, melancolie şi dezorientare peste tot. Cine s-ar fi gândit că secolul XX va fi urmat imediat de secolul XI ?

Copilăria mea în Ierusalim m-a făcut să fiu expert în fanatism comparativ.

Ierusalimul copilăriei mele, inapoiandu-mă în anii 40 , era plin de profeţi care se modelau pe ei înşuşi şi era plin de reeducatori şi de Mantuitori . Până şi astăzi fiecare al doilea locuitor al Ierusalimului posedă o formulă de izbăvire instantanee.

Fiecare spune că a venit la Ierusalim - după faimosul refren al unui vechi cântec – “ să clădească şi să fie reclădit de Ierusalim” însă în realitate unii dintre ei, creştini, musulmani, socialişti, anarhişti, reformatori ai lumii, au venit la Ierusalim nu ca să clădească şi prin aceasta să se reclădească sufleteşte ci mai curând că să fie crucificaţi sau să crucifice pe alţii sau ambele. Există o boală mentală bine stabilită şi cunoscută că “ Sindromul Ierusalim” : oamenii vin la Ierusalim, inhalează aerul muntelui şi deodată se scoală şi dau foc la o moscheie sau la o biserică sau la o sinagogă. Iar alţii îşi dau jos numai hainele, se caţără pe o stâncă şi încep să facă profeţii.

Până şi astăzi în timp ce se aşteaptă la coadă la un autobuz la Ierusalim, oameni complect străini unii de ceilalalţi pot transformă stradă într-un seminar schimbând argumente despre politică, moralitate, strategie, istorie, identitate sau religie. Participanţii la un astfel de seminar de stradă încearcă, în timp ce argumentează despre politică şi teologie, bună sau rea, să îşi croiască loc la începutul cozii la autobus. Fiecare ţipă, nimeni nu ascultă (cu excepţia mea; eu ascult din timp în timp doar acesta find modul în care îmi câştig existenţa.)

Nu de mult m-am definit ca expert în Fanatism Comparativ. Această nu este o glumă. Dacă auziţi vreodată că există o Şcoală sau o Universitate care înfinţează un Departament de Fanatism Comparativ sunt gata să candidez că profesor. Find originar din Ierusalim şi find un fanatic neconvertit, simt că sunt pe deplin calificat pentru slujba. Poate că a sosit vremea că fiecare şcoală, fiecare universitate să aibe cel puţin un număr de ore de curs de Fanatism Comparativ dat findca acesta există peste tot.

Nu mă refer numai la manifestările evidente de fundamentalism şi fanatism. Nu mă refer tocmai la fanaticii evidenţi, la aceia pe care îi vedem pe ecranul televiziunii, în locurile unde mulţimi isterice îşi ridică pumnii la o camera de televiziune şi urlă lozinci. Nu la această mă refer. Fanatismul este prezent aproape oriunde şi formele sale liniştite, "civilizate" sunt prezente peste tot împrejurul nostru şi poate şi înăuntrul nostru. Cunosc oameni care sunt contra fumatului şi care o să vă ardă de viu dacă aţi aprins o ţigară în prezenţa lor; sau vegetarieni care va vor mânca de viu dacă mâncaţi carne; sau până şi pacifişti - unii dintre iubiţii mei colegi din mişcările israeliene de pace- care mă vor împuşcă direct în cap numai pentrucă am o părere puţin diferită despre modul de a face pace cu Palestinienii. Nu încerc însă să pretind că oricine ridică vocea lui sau a ei contra unui anumit lucru este un fanatic, cea ce doresc să afirm este că sămânţa fanatismului zace întotdeuna în dreptatea care nu poate face compromisuri, plagă a multor sute de ani. Bineînţeles că există diverse grade de rău. Un militant al ecologiei poate fi fără compromisuri în dreptatea pe care o are dar el sau ea va cauza foarte puţin rău comparându-l să spunem cu un purificator etnic sau cu un terorist.

Conformism şi uniformitate, impulsul să aparţii şi dorinţa de a-i face pe toţi ceilalţi să aparţină este se pare cea mai răspândită dar nu şi cea mai periculoasă formă de fanatism. În cartea lui Monthy Python " Viaţa lui Brian" există o scenă în care Brian spune mulţimii de discipoli : " Voi sunteţi toţi oameni individuali". Ei răspund: " Noi suntem toţi oameni individuali". Brian îi imploră: " Voi sunteţi fiecare diferit" şi mulţimea murmură în unison": "Noi suntem fiecare diferit" cu excepţia unui singur om care spune : "Eu nu sunt diferit" şi atunci mulţimea înfuriată îl readuce la tăcere. Menţionând deci că conformitatea şi uniformitatea sunt forme mai blânde dar răspândite de fanatism ar trebui să adug că adeseori cultul personalităţii, idealiza-rea conducătorilor politici sau religioşi şi promovarea unor persoane pline de farmec "glamorous" pot constitui o altă formă răspândită de Fanatism. Secolul XX se pare că a excelat în ambele forme de fanatism: regimuri totalitare, ideologii extremiste, şovinism agresiv, fundamentalism religios violent pe de o parte - şi idolatrizarea universală a Madonei şi a lui Maradonna pe de altă parte ca expresie a celui mai rău aspect al globalizării sau infantilizarea omenirii - "kindergartenul" global plin cu jucării si "gadgets".

Până în secolul 19 majoritatea oamenilor din cea mai mare parte a lumii obişnuia să ştie că există cel puţin trei certitudini de bază: unde îmi voi petrece viaţă? Ce am să fac ca să îmi câştig existenţa? Ce mi se va întâmplă după ce voi muri? Aproape fiecare ştia că îşi va petrece viaţă acolo unde s-a născut sau prin împrejurimi. Fiecare ştia că îşi va câştiga existenţa într-un fel asemănător cu felul de a îşi câştiga existenţa al părinţilor. Şi fiecare ştia că dacă vor avea o comportare bună în viaţă vor pleca după moarte spre o lume mai bună. Secolul 20 a erodat şi adesea a distrus acestea şi alte certitudini. Această pierdere a certitudinilor elementare a dat probabil naştere unei jumătăţi de secol cu cea mai mare încărcătură ideologică posibilă şi urmată după acea de o jumătate de secol centrată pe cel mai feroce egoism şi hedonism şi îndreptată spre dispozitive (gadgets). Pentru mişcările ideologice ale primei jumătăţi de secol mantra era : "mâine va fi o zi mai bună" şi " Hai să ne sacrificăm astăzi şi astfel copiii noştrii vor moşteni un paradis în viitor". Către mijlocul secolului această mantra a fost înlocuită de noţiunea " Fericire acum" ; nu dreptul faimos din trecut de a te lupta pentru fericire ci iluzia răspândită astăzi că fericirea este la îndemână noastră pe rafturi şi nu ai de făcut altceva decât să devii destul de avut că să ţi-o poţi oferi. Noţiunea : "Şi de atunci au trăit fericiţi până la adânci bătrâneţi", iluzia fericirii care durează este acum un oxymoron: fie platou fie climax. De fapt fericirea care ține veșnic, ca și un orgasm care durează veșnic, nu este de loc un orgasm.

Eu cred că esența fanatismului se află în dorința de a forța pe alți oameni să se schimbe, în tendința frecventă de a dori să îți educi și îmbunătățești vecinul sau să îți îndrepți nevasta sau să îți schimbi în bine copilul sau fratele în loc să îi lași să fie ei însăși, să existe. Fanaticul este cea mai puțin egoistă creatură. Fanaticul este un mare altruist. De cele mai multe ori fanatical este mai interesat în tine decât în el însuși. El vrea să îți salveze sufletul, vrea să te reeduce, vrea să te scoată din păcat, din greșeală, din fumat, din credință sau din lipsa de credință, vrea să îți îmbunătățească obiceiurile tale alimentare sau să te vindece de băutură și de modul în care votezi la alegeri. Fanaticului îi pasă extraordinar de tine: el ori ți se aruncă la gât pentrucă te iubește cu adevărat ori te strânge de gât în cazul când ești imposibil de reeducat. Într-un fel sau altul fanatical este mai interesat în tine decât în el însuși și această pentru simplul motiv că fanaticul are foarte puțină personalitate sau nu are personalitate de loc. Domnul Ben Laden și cei din tagma lui nu urăsc pur și simplu Apusul ci ei doresc mai curînd să va salveze sufletele, doresc să va elibereze de groaznicele valori în care credeți, de materialism, de pluralism, de democrație, de libertatea de a vorbi, de eliberarea femeilor – toate aceste noțiuni care în ochii fundamentalistilor Islamici sunt foarte, foarte rele pentru sănătatea voastră. Putem fi siguri: țelul prezent este să transforme pe musulmanii moderați și pragmatici în “

credincioși adevărați”, în cei care vor înceta să își slăbească credința în față valorilor culturii americane. Dar ca să aperi Islamul trebuie nu numai să dai lovituri puternice Apusului ci trebuie eventual să convertești Apusul.

Pacea va domni numai când omenirea întreagă va fi convertită la cea mai rigidă formă de Islamism. O să fie bine chiar și pentru voi. Ben Laden va iubește. “ World Trade Center” era un laborator al dragostei. El a făcut această pentru propriul vostru bine. El vrea să va reeduce.

De cele mai multe ori toate acestea încep în familie. Totul începe în mod precis cu impulsul de a schimba pe cel drag în binele ei sau al lui; începe cu imboldul să te sacrifici pentru un vecin pe care îl iubeşți; aceasta începe cu impulsul să îți trăieşți viață prin viața altcuiva; să te sacrifici în scopul de a ușura reușita aproapelui tău.

Sacrificiul de sine constă adesea în a cultiva senzații de vinovăție celui care beneficiază și în aceast mod să îl manipulezi și controlezi. Dacă aş putea să aleg între cele două mame- stereotip ale unei glume cunoscute: una care ii spune copilului “ termină-ți mâncarea sau te omor” și cealaltă mama care spune ” termină-ți mâncarea sau mă sinucid” eu aş alege probabil răul cel mai mic dintre două rele – adică aş preferă să nu îmi termin mâncarea și să fiu omorât decât să nu o termin și să port sentimente de vinovăție pentru tot restul vieții.

Apropos de sentimente de vinovăție mă tem că va trebui să mărturisesc că vinovăția e un produs original al Ierusalimului. Vina a fost inventată de evrei în Ierusalim și apoi a fost răspândită în toată lumea de către creștinism. Eu nu sunt deloc mândru de această invenție ebraico-ierusalimică . De fapt caevreu mă simt vinovat că evreii au inventat vina.

Să ne îndreptăm acum spre rolul trist al fanaticului și al fanatismului în conflictul dintre Israel și Palestina, între Israel și o mare parte din lumea arabă.

- Confruntarea israelo- palestiniană nu este un război civil ci un conflict internațional

- În esență nu este vorba de un război religios ci teritorial, de o soluție dureroasă a problemei apartenenței pământurilor.

- Fanaticii – din ambele părți- ar vrea să transforme războiul într-un război religios, o dispută despre locurile sfinte.

- Nu există o neînțelegere esențială între Evreii Israelieni și Palestinienii Arabi.

- Esta vorba de o tragedie: un conflict între cine are dreptate și cine are dreptate, între argumente foarte puternice și foarte convingătoare asupra aceluiași teritoriu.

- Este oare cuvântul "compromis" un cuvânt murdar?

- Oare această tragedie trebuie să fie rezolvată în felul Shakespearian sau în felul Cehovian?

- Vestea cea bună din Ierusalim este că acest conflict este în faza să finală ; în interiorul inimii ambele popoare știu că în cele din urmă va exista un compromis: soluția celor două state – Israel lângă Palestina.

- Lipsa de cunoaștere reciprocă între evreii israelieni și palestinienii arabi , care a existat de aproape o sută de ani, nu mai este astăzi o situație reală: ambele părți știu că celălalt partener nu va pleca în altă parte.

- Primul pas: două state, un aranjament făcut cu dinții încleștați.

-Al doilea pas: colaborare, o piață comună a Orientului Mijlociu, o moneda comună, etc.

-Al treilea pas: un monument comun dedicat stupiditatii reciproce din trecut.
- Cele două națiuni pășesc acum cu mult înaintea conducătorilor lor. Saron și Arafat sunt ambii anacronisti.

- Ce pot face Europenii? Cum ar putea Germania să dea o mână de ajutor?

- De întocmit un Plan Marshall pentru Orientul Mijlociu...

Dacă îmi promiteți că veți lua următoarele declarații împreună cu câteva grăunțe de sare atunci va voi povești că cel puțin în principiu am inventat deja remediul contra fanatismului: tămăduirea constă în simțul umorului. Nu am văzut niciodată un fanatic care să posede simțul umorului. Nu am întâlnit niciodată pe cineva cu simț al umorului acționând fanatic cu excepția cazului când el sau ea a pierdut simțul umorului, lucru care se întâmplă uneori.

Foarte bine. Dacă aș fi în stare numai să comprim simțul umorului în buline și să conving întreagă populație să înghită bulinele mele de umor și în acest fel să devină imună la fanatism. În acest caz poate că voi fi propus la Premiul Nobel dar nu în domeniul literaturii ci al medicinii. Totuși fiți atenți: idea de a comprima simțul umorului în pilule, însăși idea de a face pe toată lumea să îmi înghită pilulele de umor este și ea o ideie contaminată de fanatism. Fanatismul e doar extrem de molipsitor. Îl poți căpăta cu ușurință tocmai pe când încerci să îl combați. Cineva poate deveni un fanatic anti-fanatic sau un cruciat al anti-cruciadelor.

Eventual, dacă nu putem învinge fanatismul poate că putem cel puțin să îl stăpânim. După cum am afirmat deja, capacitatea de a râde de noi înșine este o cură parțială; capacitatea de a ne vedea așa cum putem apare în ochii celorlalți este o altă cură. Foarte folositoare este și capacitatea de a învăța să existăm în interiorul situatilor deschise- închise sau să experimentăm diversitatea. Eu nu prevăd un relativism moral complect ci încerc să subliniez nevoia de a ne imagina unul pe celălat. La urmă urmelor această este și profesia mea: să scri nuvele cuprinde printre altele şi nevoia de a te trezi dimineaţă, de a-ţi bea cafeaua şi de a începe să îţi imaginezi, ce ar fi dacă ai fi ea, ce ar fi dacă ai fi el. În circumstanţele mele personale...o mică răsucire a genelor mele sau a circumstanţelor părinţilor mei...şi aş fi putut să fiu el, un colonist din West Bank, un extremist ultra-ortodox...

Cu mulţi ani în urmă, pe când eram copil ,bunica mi-a explicat în termeni simpli diferenţa dintre evrei şi creştini."Vezi.. a spus ea, creştinii cred că Mesia a fost deja aici odată şi va reveni într-o bună zi. Evreii susţin că Mesia va veni pentru prima dată în viitor. În legătură cu această a existat multă manie şi persecuţii şi s-a vărsat mult sânge. De ce? " – spunea bunica -" dece nu pot aştepta şi vedea? Dacă Mesia o să vină şi o să spună: Hello, ce bine că va reîntâlnesc" atunci evreii vor trebui să cedeze. Dar dacă, pe de altă parte, Mesia o să vină şi o să spună: " How do you do?" atunci toată lumea creştină va trebui să ceară scuze evreilor. Dar între acum şi atunci – trebuie să trăim şi să permitem altora să trăiască."a spus bunica. Ea era fără îndoială imună la fanatism. Ea cunoştea secretul trăirii împreună cu situaţiile deschise – închise şi cu conflicte neresolvate, cu diversitatea altor popoare.

După cum am mai spus fanatismul începe acasă. Aş putea încheia spunându-vă că antidotul poate fi deasemenea găsit acasă, la îndemână degetelor noastre. " Niciun om nu este o insulă" spunea John Dunne dar am să îndrăznesc să adaug că fiecare dintre noi e o peninsulă.

Poate că una din lecţiile cruciale ale secolului nostru însângerat ar putea să fie faptul că trebuie să fim lăsăţi cel puţin parţial nerezolvaţi: legaţi pe jumătate de meleagurile familiilor noastre, comunităţilor şi societăţilor noastre şi pe jumătate neschimbaţi, nemanipulaţi şi nereeducaţi.

Niciun om nu e o insulă dar niciun om sau femeie nu e numai o moleculă a unei societăţi, naţiuni sau rase. Fiecare om e o peninsulă şi trebuie să îi fie permis să rămână o peninsula. Această este dealtfel esenţa ultimei mele nuvele "Aceiaşi Mare".

*** Traducere din engleză: Riri S. Manor- 2003, publicat în LUCEAFARUL**

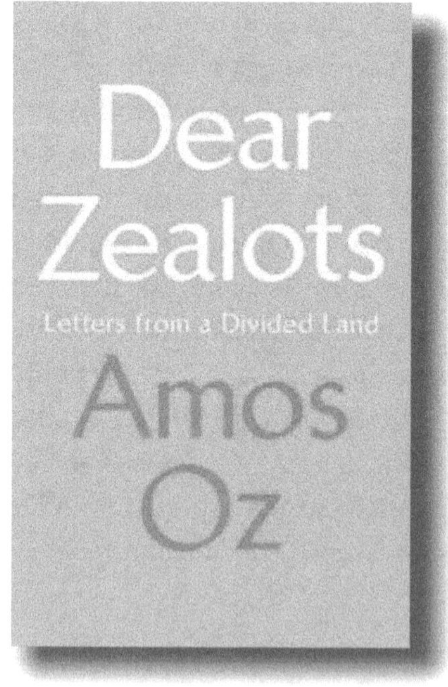

Amos Oz, văzut din America

Un eseu de Doina Uricariu

Gândindu-mă la Amos Oz

Pe 29 decembrie, am aflat că a murit Amos Oz, un scriitor care ar fi trebuit să primească Premiul Nobel înaintea altora care au sedus juriul, destul de vulnerabil în ultimii ani, când s-au scos la lumină dezvăluiri compromițătoare despre preocupările unor jurați. I-am citit cărțile, l-am întâlnit de două ori când am fost în Israel. Trăia la Tel Aviv. Aș avea de povestit mai multe și aș fi vrut să scriu despre cărțile lui pe care le-am citit în traduceri, în română și engleză. Nu toți evreii cu care am vorbit despre el, cu entuziasmul meu adeseori insuportabil, împărtășeau părerea mea, ca o scaldă în elogii, dar nu reușeau să mă clintească din admirația mea față de acest scriitor evreu care avea mai multă subtilitate și umanitate în el decât mulți alți moraliști ai evreității, trăind în sânul sau în afara statului Israel. Pentru mine e un mare scriitor al literaturii universale, nu doar din Israel. Îl admir ca povestitor și memorialist. E socotit un făurar al limbii literaturii din Israel. Cred că a făcut din ebraica veche și nouă ceva ce a împlinit și Dante, cu secole în urmă, cu limba italiană. Are un simț al limbii care i-a cucerit pe traducători.

Am citit ce s-a scris despre Amos Oz, într-o mulțime de ziare, care repetau cuvintele fiicei lui, Fania Oz-Salzberger, cea care i-a anunțat sfârşitul pe twiter, povestind cum tatăl ei, după o luptă scurtă cu cancerul, a murit în somn, în pace"in his sleep, peacefully..."

Am vrut să revăd filmul pe care l-a scris şi regizat Natalie Portman, după o celebră carte a lui Amos Oz, A *Tale of Love and Darkness*, o carte publicată în ebraică, în 2002, pe care am citit-o în engleză.E o carte de memorii cum aş fi vrut să scriu, de o poezie care mă tulbură profund. Chipul mamei e copleşitor. M-a obsedat figura ei, în memoria scriitorului, chipul ei vindecător şi suferitor, ființa ei, atotnăscătoare a iubirii și sensurilor.M-a tulburat povestitoarea și cordonul ombilical niciodată tăiat între mamă și fiu, povestitor la rându-i, acest cordon ombilical al povestirilor, al profețiilor sufletului ce-și amintește.

Amos Oz a purtat toată viața, în sufletul și scrisul lui, sfredelitoarele întrebări despre sinuciderea celei ce i-a dat viață, când el nu avea decât 12 ani.

Ce scriitori din Israel, nativi în Israel am mai citit? David Grossman și cărțile lui *To the End of the Land* și *Failling Out of Time*, o carte inspirată de moartea fiului Uri, la 20 de ani, în timp ce lupta comandant de tanc, în Forțele de apărare ale Israelului. David Grossman e și și el un susținător activ al ideii de a crea două state, asemeni lui Amos Oz și Abraham B. Yehoshua. Yehoshua a fost decretat de „New York Times" un Faulkner al Israelului. E o comparație la îndemână.Yehoshua îl socotește pe

Faulkner un scriitor căruia îi datorează mult,de vreme ce l-a influențat în formarea sa, alături de Kafka și de Shmuel Yosef Agnon, laureatul Premiului Nobel din 1966. Mă întorc la *A Tale of Love and Darkness.* Amos Oz a îmbogățit enorm ebraica modernă, cu simțul lui lingvistic unic, scotocitor în etimologii, genealogii și arheologii ale limbii.A luat Premiul Goethe pentru această carte, un mare premiu ce i se cuvenea, ca și Premiul Nobel, cu siguranță mai mult decât altora.

Pentru că i-am pomenit pe cei trei scriitori susținători ai ideii celor două state și ai părăsirii fâșiei Gaza în contrast cu părerea evreilor că ea trebuie ocupată de evrei și palestinienii scoși din case, aș vrea să-mi notez aici o discuție mai veche a mea despre David Grossman și declarația lui care i-a enervat pe mulți evrei americani că iudaismul diasporei este o masturbare „Diaspora Judaism is masturbation”. "full Jewish life could only be had in the Jewish state." Cred, simt acest lucru, am simțit diferența în Israel când am trăit în casele evreilor, la familia lui Jean Ancel, cu băiatul și fata lui în armată, în apropierea familiei lui Yitzhak Rabin, când am lansat cartea *Pacea și-a ucis soldatul,* prima apariție ditorială din lume despre uciderea lui Yitzhak Rabin. Una e să vorbești cu Liviu Rotman, și cu familia lui Mircea Gorun din Israel și alta e să-ți dai cu părerea despre ce se întâmplă în Israel și pe fâșia Gaza, chibițând știrile la New York. Chiar și făcând o comparație cu diaspora altor popare, a românilor de pildă.Nu știu dacă aș îndrăzni să spun același lucru despre românismul din comunitățile diasporei românești.

Am vrut să văd filmul *A Tale of Love and Darkness* pentru că în filmul lansat, în 2016, cred, apare şi scriitorul şi pentru că Natalie Portman a făcut un film bun.

Ce am citit eu sunt cărţile *My Michael*, *Black Box*, *A Tale of Love and Darkness,* un bestseller internaţional, *Judas,* cum a fost tradus în engleză *Evanghelia după Iuda*.

Tradus în peste 35 de limbi, după alte surse în 45 de limbi, Amos Oz este un scriitor foarte preţuit în România.

S-a născut cu 9 ani înainte de naşterea statului Israel. În film, copilul aude cum se strigă numele statelor care au votat noul stat, creat pe o parte din teritoriul Palestinei. Şi aude numele ţărilor care s-au abţinut, cine a votat împotrivă. E de văzut dacă lumea s-a schimbat în idei, opinii, sentimente şi resentimente de atunci.

Bucuria a fost de scurtă durată. A izbucnit războiul imediat după naşterea noului stat.

Există o melancolie şi un sens profetic în cărţile lui Amos Oz, o arheologie a tragediilor şi vindecărilor, o continuă excavare a memoriei şi vieţii unui popor care luptă să dea viaţă deşertului şi să trăiască şi altfel decât sub focul şi sângele războaielor. N-aş spune că este un inocent, nici un pacifist, hrănit de iluzii, mai degrabă un pragmatic al bunului simţ. Sensibilitatea acestui înţelept conferă atâta putere şi umanism paginilor sale; Mi-am notat o frază spusă de Oz, în care cred „Without a wound, there is no author." Vindecările mele se regăsesc profund și simplu în scrierile lui Amos Oz, Îmi descopăr afinități în biografia sa, în nevoia lui Amos Oz de a lucra pământul cu mâinile lui, de a trăi viața dintr-un kibbutz, de a culege roadele pământului, de a munci alături de oamenii simpli. Prefer creativitatea lui fermă, directă, consecvența unor opinii, precum aceea despre soluția celor două state care ar opri conflictul. Amos Oz își motivează soluția vorbindu-ne despre casa transformată în două apartamente separate în care trăiesc separat două familii. Adică evreii și palestinienii cărora nu le poate impune nimeni o iluzorie lună de miere și împărțirea unui pat conjugal.

Îmi place și puterea lui Amos Oz care nu se lasă timorat, când e criticat că ar susține o idee expirată și nici când e etichetat de extrema stângă ori dreaptă drept trădător. Îmi plac interviurile pe care le acordă Amos Oz, cu prilejul apariției unor cărți ale sale. Îmi place umorul lui. Într-un interviu din 2013, conflictul israelo-palestinian e comparat cu piesele lui Shakespeare și Cehov. Sfârșitul pieselor lui Shakespeare e marcat de o mulțime de morți. La Cehov, toți sunt nefericiți, au sufletul amar, melancolia și deziluzia inundă sufletele tuturor dar toți sunt în viață. Amos Oz și-a propus să lucreze în mișcarea pentru pace în stilul cehovian. Cum ar arăta pacea parafrazând *Livada cu vișini*?

Primele personaje ale prozelor sale sunt inspirate de lumea din kibbutz. Această lume apare în toate cărțile lui Amos Oz, de fapt. Când am fost în Israel, am mers nu doar într-un singur kibbutz. Am vizitat mai multe. Nu aş putea trăi într-un kibbutz. Comunităţile care trăiesc în ele duc o viaţă modestă, lipsită de patima orgoliilor şi nebunia ierarhiilor. Fiecare munceşte, vrea să se facă util celorlalţi. Cele mai frumoase flori de cactuşi şi cei mai semeţi cactuşi i-am văzut într-un kibbutz. În altul, am gustat cele mai uleioase măsline. Mi-a fost greu să înţeleg că deciziile de a merge la universităţi ale tinerilor sunt luate de un soi de comisii. Nu am trăit decât câteva ore într-un kibbutz. Ca un turist care a intrat într-un muzeu social, moral, un muzeu al convieţuirii umane. Amos Os a ales să trăiască mulţi ani din viaţa lui într-un kibbutz. Cu soţia şi copiii.

Există prozatori ale căror cărţi ascund privirea unui autor turist în povestea personajelor sale. Amos Oz nu este acest gen de scriitor.

Într-o carte subţire de eseuri care e intitulată *Dear Zealots,* scrie că e speriat de fanatism şi violenţă care au început să crească şi în Israel şi că i-e ruşine să vadă amploarea unor asemenea tendinţe dar în acelaşi timp iubeşte Israelul: „I like being Israeli. I like being a citizen of a country where there are eight and a half million prime ministers, eight and a half million prophets, eight and a half million messiahs. Each of us has our own personal formula for redemption, or at least for a solution. Everyone shouts, and few listen. It's never boring here." Un diagnostic perfect. Surâd.

Știrile despre moartea lui Amos Oz umplu ziarele, strâng inima cititorilor lui.

„News of Oz's death, who died of cancer at the age of 79, has sparked international praise and remembrance of one of Israel's most famous authors. Both Prime Minister Benjamin Netanyahu and President Reuven Rivlin eulogized Oz as one of the greatest writers in Israeli history.

Former British chief rabbi Jonathan Sacks described Oz as a secular prophet with "burning moral passion" while American Jewish leaders and Anti-Defamation League CEO Jonathan Greenblatt lauded Oz as "a staunch and thoughtful Israeli and Zionist, and passionate advocate for peace."

Recitesc un interviu cu Amos Oz în „The New York Times", din 14 Mai 2018, publicat sub titlul Israeli writer Amos Oz:"Trump did one thing that every other country should also do" Se referă la decizia lui Trump de a muta ambasada Americii la Ierusalim. Prim ministrul României a anunțat aceeași mutare. A urmat un nou scandal și încruntările internaționale.

Rememorez calitățile acestui mare scriitor al lumii, puse în valoare constant de cei ce au scris sau vorbit despre Amos Oz: activismul pentru pace, libertatea gândirii, susținerea soluției celor două state pentru a curma conflictul israelo-palestininan. Nu poți declara o asemenea soluție drept una expirată, după războiul de șase zile din 1967. Oz a devenit unul din susținătorii acestei soluții, încă de atunci, consecvent în argumentarea ideii, vreme de jumătate de secol. Nu e singurul care a susținut această soluție ca să se ajungă la pace. Militantul zionist îmbrățișează ideea celor două state și consideră că "the granting of Palestinian statehood is "a question of life and death for the State of Israel."

Amos Oz s-a aflat în 2017 pe lista scurtă pentru alegerea lui " the Man Booker prize".

Născut într-o familie de imigranți din Europa de Est, pe 4 mai 1939, în Ierusalim, viitorul scriitor avea 9 ani, la proclamarea statului Israel. El avea să moară în anul când s-au împlinit 70 de ani de la nașterea statului Israel. Întrebat în interviu dacă va înălța paharul pentru a sărbători aniversarea celor șapte decenii de existență a statului Israel, Amos Oz, a cărui ultimă carte s-a numit *Dear Zealots. Letters from a Divided Land*, răspunde: „Yes, I will raise my glass because if I compare the kind of world into which I was born to the world of today, it's not that today's world strikes me as paradise or as heaven, but I was born into the world of Nazi Germany - Hitler, Stalin, Mussolini, Franco, the Japanese militarists. I was born in a tiny little enclave of terrified Jewish refugees, less than half a million of them, with no clear perspective of a future, hopes yes, but no clear perspective. So, yes, I think that this very rough, cruel, bloody world of today is less bloody, cruel and hopeless than the world of the early 1940s."

Am mers prin cartierul unde a trăit Amos Oz, în copilărie, înainte să-și ia numele pe care l-a făcut celebru... Rar mi-a fost dat să citesc o mai sinceră evocare a sentimentelor amestecate pe care le trăiesc evrei imigranți care se stabilesc în Israel și duc dorul Europei și își cenzurează în familie și față de alți conaționali sentimentele:

„Throughout my childhood, a heavy cloud of pain and disappointment and insecurity hovered over my home, my little street, my neighborhood, Jewish Jerusalem, Jewish Israel. My parents never shared with me their disappointed love of Europe. But I could sense that pain and the longing. I could even guess that they were trying to artificially create a little enclave of Europe in the middle of the heat and arid atmosphere of Jerusalem. So it was a strange world for a little boy, full of secrets, full of family censorship."

Iată cum își amintește ziua în care David Ben-Gurion a proclamat, în 14 mai 1948, independența statului Israel:

"May 14th was a Friday. Jerusalem had already been under Arab siege for two or three months. And the only road which connected Jerusalem to the other Jewish parts of the country was practically controlled by Arabs. From time to time, convoys would supply, would break into the city. But we experienced starvation, lack of water - because the water pumps were blown up by Iraqi troops and Jerusalem had no water - and fear."

Filmul lui Natalie Portman m-a făcut să retrăiesc amintirea unei cărți în care iubirea își împarte tărâmul cu cel mai acaparator întuneric. Scena întâlnirii dintre fetița arabă și copilul evreu care e smuls din lumea cărților înghesuite în apartamentul părinților lui. „Știi să te cocoți într-un pom?!" și băiatul se urcă și face tot soiul de salturi cu leagănul și lanțurile lui. O verigă a lanțului îi iese din țâțâni și temerarul băiat, care vrea să-și arate curajul și priceperea cade, rănindu-și bărbia. Oricând o verigă se poate rupe, oricând o mișcare poate fi necugetată și există vizibilă sau invizibilă Cortină de Fier, până și în stinghereala copiilor care se joacă împreună. Iar scriitorul vorbește despre un zid de fier care desparte Ierusalimul evreilor de cel al palestinienilor:

„ A few months before May 14, there was a kind of *iron curtain* dividing Jerusalem into Jewish and Arab Jerusalem. Some Arab inhabitants in the Jewish neighborhoods migrated to the east and the south of the city. Jewish people from the east and the south migrated to the north and the west for personal safety. After the war of '48 - Israel's war of Independence - Jerusalem was as physically divided as Berlin with the *iron wall* and minefields and wires and no man's lands and concrete walls.

Standing on the rooftop of our building I could see East Jerusalem, I could see Mount Scopus, I could see the Arab neighborhoods. But I could see the moon too, and the chances that I could ever go to those places or the chances that I would ever set foot on the moon looked about the same - unrealistic."

Am împărtășit adeseori mai mult părerile lui Amos Oz despre Ierusalim, Israel, conflictul continuu, decât părerile unor prieteni evrei din America, Europa sau Israel. Amos Oz a trăit în Israel, a trăit decenii într-un kibbutz, a predat la o școală în kibbutz dar și la universități din America, apoi a ales să trăiască la Tel Aviv, nu la Ierusalim, unde s-a născut:

„I have mixed feelings about Jerusalem. It is fascinating, it is beautiful, it is tragic and it is extremely attractive to all kinds of fanatics or redeemers, world reformers, self-appointed prophets or messiahs. I find this fascinating, but I don't think I would like to live in the middle of this. I need my distance.

I don't know what will happen in Jerusalem but I know what should happen. Every country in the world should follow the example of President Trump and move the embassy in Israel to Jerusalem. But simultaneously there should be an embassy of all countries in the world in East Jerusalem as the capital of the state of Palestine."

Recitesc interviul și îmi amintesc de Festivalul Zile și Nopți de Literatură de la Neptun, înființat de Eugen Uricaru, în 2002. Am mers la mai toate edițiile, când am reușit să fiu în România.Se acordau două premii Premiul Ovidius și Premiul Festivalului. Laureații au fost mari scriitori: Jorge Semprun (2002), Antonio Lobo Antunes (2003), Amos Oz (2004), Mario Vargas Llosa (2005)...Premiul Festivalului Alain Robbe-Grillet (2002), Ismail Kadare (2003) Tomas Salamun (2004), Cengiz Bektas (2005). Prietenul meu Alain Paruit a fost unul dintre laureații după 2006, când s-a creat un premiu pentru traducătorii din limba română. Într-un an când am fost din nou la Neptun a fost premiată editura Gallimard. Am fost și când au fost premiați Evtușenko, Kadare, Michnik. Ce blând și ce precis și simplu în a fi profund mi s-a părut Amos Oz, ce teatral, vocal, colorat în cămășile lui dar mai ales, în gesticulație, Evtușenko. Cu Michnik, stând la masă vreo două-trei ore și conversând pe îndelete, am râs. Oare de ce atât de mult? Cred că putem să râdem când nu mai vorbim despre eroism ci despre simțul comun. De câte ori i-am dat dreptate, gândindu-mă la o frază a lui din *Letters of Prison and Other Essays*, probabil: "The worst thing about communism is what comes after".

Am văzut atâtea reportaje cu violențele, sângele, focul, răniții și oamenii care mor de o parte și de cealată parte a fâșiei Gaza și cred că soluția celor două state e singura soluție. Chiar de curând, în anul 2018, Amos Oz a trăit aceste imagini de coșmar, când, de la proteste s-a trecut la violențe. Noi din alte părți ale lumii, din America, în cazul meu și al prietenilor noștri evrei americani, new-yorkezi, doar le-am privit. Între privire și trăire ai de ales între viață și cinematograf. Filmele bune lasă sfârșitul deschis. În viață trebuie să pui capăt și să închizi problemele.

Notă:

Text oferit de d-na Uricariu cu specificatia: Textul face parte dintr-o carte a mea de jurnale încrucișate al cărei titlu provizoriu este Zarul lui Dumnezeu.

Desen: Baruch Elron

La plecarea lui Amos Oz
în valea Kidronului

În ultima săptămâna a lui 2018 am circulat cu trenul minții
39 de mile, șapte mii de mile...
cât duce linia nouă de fier făcută de oameni
între două puncte
pe lângă măslini și pini orientali
între falii de piatră cioplite de om, apoi de natură
Am ajuns în valea Kidronului cu gândul la Oz și la mintea
lui fantastică
ca un mecanism de 500 HP, dar Amos Oz nu mai este...
Aici simt spiritul profeților trecând printre ziduri
și flori se nasc, aici, printre monumente

Gonesc măracinii seculari care așteaptă, pe mormântul său
atât de proaspătă e memoria lui, că ne dăm mâna,
și aproape că ne mai privim, vorbim un timp
precum Hamlet cu tatăl său
pomenind de toți prietenii Israelului
și ce mult îl deranjează aerul nostru
poluat de octani și sulfați
politica ireversibilă a beligeranței
tancul și praștia, cuțitul scos contra ideii de pace

Dragi poeți între Metula și Eilat
morți vom fi, o veșnicie, fără Amos
el ne-a cerut mereu să căutăm dragostea, pacea
cum calul adulmecă parfumul stăpânei

care vine cu flori în brațe
fericită, după o plimbare în pădure
cu spice în păr și gust de mure coapte

el strigă cailor “aici sunt, trăiesc pentru pace și adevăr”
dar din păcate, într-o iarnă cade și se rănește
e învelit în cerceafuri reci de mătase albă
cu o mâna mai mătură o clipă pământul dureros
al țării noastre
și apoi se scufundă între pietre și ceruri în liniștea văii
Kidronului

Pe când noi, cei care nu am respirat nici Flaubert nici
Tchernichovsky
trăim înghesuiți în trenul realității noastre
flancați de poduri de oțel,
înfiorați de tunelurile excavate în piatra străbună
definitiv lipsiți de harul de a merge pe urmele lui Amos,
care rămâne undeva în urmă,
înconjurat de multe cărți și steaguri.

Adrian Grauenfels – Decembrie 2018

Familia si amici la mormântul lui Amos, kibutz Hulda - 30 decembrie

Liviu Antonesei

Forța lui Amos Oz

Fără îndoială că scriitorii puternici ne marchează, lasă urme în noi. De obicei, această influență se exercită la nivelul conștiinței, ne dăm seama ce anume ne-a impresionat. Dar există o familie de scriitori puternici, a căror efect trece dincolo de conștiință, aș putea spune că ne ocupă și sub-/in-conștientul. În tinerețe, mi s-a întîmplat asta de multe ori, am visat lumea din operele lor după ce i-am citit pe Kafka sau Dostoieski, ba chiar și lumea agrest-luxuriantă din poemele lui René Char. Ultimul vis pe care mi-l amintesc, ar putea fi din jurul anului 2010 – 2012, cînd am recitit – sau citit prima oară – mai multe din romanele lui Ismail Kadare și cînd mi-am petrecut mai multe nopți prin munții pietroși și pe litoralul, de asemenea pietros, al Albaniei în care nu am ajuns pînă acum.

De o bucată de vreme, recitesc – iar trei dintre cărți le citesc prima oară – opera lui Amos Oz. Sînt spre final, mai am de terminat Povestea despre dragoste și moarte. Am lăsat-o la sfîrșit nu pentru că este cea mai masivă carte a lui Oz, nici pentru că am găsit-o mai tîrziu decît pe altele, ci pentru că într-un fel ne ajută să le înțelegem mai bine pe celelalte. Cam toată literatura marelui scriitor israelian este autobiografică, dar aceasta este în mod explicit așa, nu este travestită într-un roman. Ei, bine, în plină citire și recitire a lui Oz, astă noapte m-am visat în lumea sa, la Ierusalim, dar nu era Ierusalimul de acum, ci cel din majoritatea cărților sale, cel din epoca mandatului britanic și al primilor ani după independență. Și nu eram singur, eram cu Michael Shafir, pe care nu l-am mai văzut de mulți ani, și amîndoi vedeam Ierusalimul ca și cum ar fi fost filmat dintr-o dronă, numai că drona păream eu, poate și Michael era!, pentru că zburam. Un Ierusalim prăfos, cu multe clădiri urîte, ponosite, cenușii, în anotimpul cald, pentru că eram îmbrăcați ușor, nu în multele haine necesare în anotimpul ploios, iarna ca să spun așa.

Și deodată, Michael mi-a arătat o clădire pătrățoasă și cenușie, cu vreo patru etaje și mi-a spus: „Iată Institutul Viitorului, acolo ai să lucrezi". Habar nu am dacă există așa ceva în Ierusalim, oricum în volumele lui Oz n-am întîlnit un asemenea institut, deși sînt pline de instituții academice și cărturărești, Universitatea de pe muntele Scopus, Biblioteca Națională și cîteva biblioteci personale fabuloase mai în fiecare volum – începînd cu cea a.tatălui său, ca să nu mai spun de cea a unchiului Joseph, marele cărturar. Și, desigur, sînt pline de profesori, cercetători, scriitori, jurnaliști ş.a.m.d. Nu există prin urmare vreun Institut al Viitorului în opera lui Oz, dar în mai multe locuri, inclusiv chiar aproape de începutul Poveștii despre dragoste și moarte apare o distincție interesantă și cred eu adevărată pe care scriitorul o operează între locuitorii Ierusalimului – și ai întregii țări de altfel: cei fixați în trecut și cei orientați spre viitor. Și este foarte interesant că, oricît aș încerca, nu reușesc să-l localizez pe Oz într-o categorie sau cealaltă. De unde, probabil, ca orice mare scriitor, locuiește într-un intermundiu.

Poate n-aş fi povestit visul meu de astă-noapte dacă o persoană care a citit, la rîndu-i, Amos Oz în vremea din urmă n-ar fi avut vise asemănătoare, care se petreceau în lumea acestuia mai multe nopţi la rînd... Cum s-ar spune, Oz face victime în serie, e un ocupant neobosit al inconştientului cititorilor săi. Da, asta face un scriitor puternic!

Desen: Baruch Elron

Iulia Deleanu

CĂLĂTORII ÎN ANII DE FORMARE

Încercări de zbor pentru „Povestiri despre dragoste şi întuneric", nuvelele apărute acum câțiva ani în traducere românească la Humanitas, ofereau lecturii atmosfera inconfundabilă a cărților lui Amos Oz, întemeindu-se pe un ce a fost şi continuând într-un ce va fi. „Sfatul Muntelui Rău", care a dat şi titlul cărții, e nuvela-cortină ridicându-se la începutul spectacolului. La propriu, fiindcă la cinematograful Edison, din Ierusalim, se sărbătoreşte un an de la victoria Aliaţilor. Şi - la figurat: sunt „fotografiate" oficialităţi britanice, public, secvenţe din filmul eliberării, leşinul doamnei Bromley, cumnata Înaltului Comisar englez, părinţii naratorului-copil, tatăl format intelectual în Germania, mama – în Polonia. Tot aici fiinţează pretextul narativ: tatăl - medic veterinar – o ajută pe doamna Bromley să-şi revină din leşin. În chip de mulţumire, părinţii sunt invitaţi la Balul de Mai dat de Înaltul Comisar pe Muntele Sfatului Rău. Copilul prospectează lumea adultă din jur: vecinii de cartier, cu rădăcini rămase-n Europa și rude ucise în Holocaust. Oameni care s-au salvat fizic. Dar sufleteşte? Se vorbeşte rusa, polona, idişul, germana... Fiecare limbă - un univers pierdut, retrăit fragmentar. Ai locului sunt copiii cartierului. Pentru ei viaţa nu poate fi concepută altfel decât aici și acum.

Câți cunoscuți – atâtea lumi: Mitia, subchiriaşul,

„nebunul” cartierului, profet contemporan; Madame Iabrova şi Liubov Beniamina Even-Hen, trăind din lecţii particulare de muzică, înconjurate de suveniruri din lumea părăsită, ipocrite, vicioase; inginerul Brzezinski, conectat, nopţile, în timpul războiului, la posturile de radio Berlin, Londra, Milano, Vichy, Cairo... „Arde!”, strigase într-o noapte fiindcă prinsese „Eroica” lui Beethoven la unul din posturile naziste din Balcani.

Între tatăl şi mama lui Hillel sunt diferenţe de gândire, adesea, ciocniri de opinii. Tatăl, Hans Kipnis, venit din Silezia în 1932, specializat la Institutul Veterinar din Leipzig în bolile tropicale şi subtropicale ale bovinelor, visează la proiectul unei ferme de bovine în munţii Galileii. Chiar dacă realităţile îl determină să-l amâne şi să accepte un post de veterinar guvernamental itinerant care să-i asigure existenţa, se simte mult mai apropiat de locurile acestea decât soţia lui. A ales să vină în Medinat Israel din convingeri sioniste, are perspectiva: „Se va asfalta șoseaua, cartierul va fi anexat orașului iar Ierusalimul va deveni sediul central al guvernului evreu...”. Ceea ce însemna cu totul altceva decât refugiul din fața catastrofei care ameninţa evreii europeni, reprezentat de țară pentru alții. Inclusiv, pentru mama lui, Ruth, covârșită de depresii:

„Va veni potopul. Sau războiul. Toți vom muri”. Ea provenea din protipendada evreiască poloneză, iubea literatura, avea talent la desen, se simțea integrată culturii poloneze. Frumosul Tadeusz îi jurase iubire veşnică. Dar, după se alăturase tineretului naţionalist, acelaşi Tadeusz îi trimisese un bileţel insultător: era evreică. Părinţii hotărăsc ca fiica lor să studieze istoria la Universitatea Ebraică. La mai puţin de un an, deziluzionată de ţară, Ruth vrea să plece în America la sora ei, Niuta, care îi trimite bilet de vapor. Dar vaporul îşi schimbă traseul şi-i schimbă destinul. Căsătorie din dragoste, crede medicul venit din Germania. Abandon în urma unui lung şir de decepţii e căsătoria pentru Ruth. Două singurătăţi sub acelaşi acoperiş. Hillel, la vârsta pubertăţii, suferă de astm şi de sensibilitate puternică; e altfel decât ceilalţi copii. Mai mult – pentru că are vigoarea cuvântului, apreciată de profesori, părinţi, vecini; mai puţin – pentru că nu are forţa lor fizică. „Jeleu" l-au poreclit în derâdere tovarășii de joacă. În schimb, ceea ce compune la sfârşitul clasei a treia – scrisoarea către Înaltul Comisar - are maturitate şi exprimă gândurile întregii comunităţi evreieşti focalizate în jurul Haganei: „Acest pământ ne aparţine atât conform legilor biblice cât şi celor juridice. Vă rog să ieşiţi imediat din Ţara lui Israel şi să vă întoarceţi în Anglia, înainte de a fi prea târziu".

Construcţia şubredă a căsătoriei părinţilor se prăbuşeşte la balul de pe Muntele Sfatului Rău. Momentul e conceput în trepte. Pregătirile: rochia albastră a lui Ruth visând să danseze toată noaptea cu guvernatorul Ierusalimului şi chiar cu oaspetele de onoare al balului, „eroul de la Malta", amiralul sir Alan; costumul de împrumut probat de Hans cu-n sentiment de jenă şi revoltă faţă de sine însuşi. „Absurd!", se conformează cu neplăcere uzanțelor. Scenele de la bal: la bufet, soţul comandă suc de roşii, soţia – brandy; el nu dansează fiindcă nu știe şi-şi urmăreşte soţia

plutind din braţele unuia într-ale altuia, „cu gura întredeschisă, într-o exclamaţie neauzită de plăcere", apoi „aterizând uşor în mâinile mari ale amiralului". Noaptea, în maşina „eroului" purtând-o într-o direcţie necunoscută, îi recită exaltat versuri în poloneză, în timp ce sir Alan savurează mica aventură. Dimineaţa următoare: soţul întors singur acasă, agitaţia vecinilor – scandalul e delectabil totdeauna -, durerea şi indignarea lui Hillel care, într-un gest de respingere a realităţii, se urcă-n copacul din faţa casei şi refuză să coboare. Sosesc pompierii. Inginerul Brzezinski îi alungă: „Căraţi-vă! Aici nu-i nici un incendiu! [...]
Acolo arde! În Crimeea! La Sevastopol! [...] Şi la Odessa!".

„Muntele Sfatului Rău" e, de fapt, un micro-roman, în care poemul – Ierusalimul, deşertul, anotimpurile -, bine dozat cu inserţii în detaliul prozaic, cotidian, simbolurile - numele ebraice de oameni şi locuri, amestecate cu numele din ţările de origine -, observaţiile psihologice – introspecţia, portretele, comportamentele -, duelul dialogurilor, tăcerile, concizia, sugestiile biblice încărcate de valori contemporane converg spre ceea ce face originalitatea textului. Există elemente cinematografice, inclusiv, epilogul, făcut lapidar, retrospectiv, din istorie mare şi mică: englezii plecară, la Ierusalim a fost format un guvern evreiesc, madame Iabrova a fost ucisă de o ghiulea lansată dintr-o baterie de tunuri iordaniene rătăcită în cartierul Tel Arza, Liuvov Beniamina Even-Hen a plecat la sora din New York [...] Hans, care-şi ebraizase numele în Hanan, şi subchiriaşul Mitia au devenit asistenţi la

Universitatea Ebraică, fiecare în specialitatea lui.

Numitorul comun al nuvelelor e începutul de viață israeliană văzută prin ochii copilului ajuns la pubertate, în anii de luptă clandestină împotriva mandatariatului britanic. În „Domnul Levi" tema dezrădăcinării e atinsă-n treacăt. Există bustul lui Chopin pe pianul mamei cu romantica inscripţie în poloneză: „Din toată căldura inimii mele şi până la ultima suflare". Dar reflectorul bate din toate unghiurile spre ţelul comun. Jocurile lui Uriel sunt centrate asupra eliberării teritoriilor ocupate de englezi. Tatăl lui tipăreşte numai de formă felicitări de sărbători, adevărata preocupare fiind tipărirea de manifeste. Sub podeaua unde se află maşina de tipărit există o grotă transformată în buncăr de combatantul Efraim şi cei aflaţi sub comanda lui. Mama, la fel de angrenată în mişcarea sionistă, încearcă să atenueze divergenţele despre trecutul şi prezentul ţării, iscate în timpul partidelor de şah între soţul ei şi Efraim. Tatăl celui din urmă, bătrânul poet Nehamkin, venit din Vilna, este singurul care-l tratează pe Uriel ca pe-un adult. Copiii vecinilor îl jignesc, băieţii într-un fel, sora lor, Bat-Amy, de care e îndrăgostit – într-altul. Copilul asistă la o percheziţie a casei făcută de militari britanici. Noroc că nu reuşesc să descopere tiparnița clandestină. Domnul Levi, nume conspirativ al unuia dintre capii mişcării de eliberare, e găzduit în mare taină în casa părinţilor lui Uriel. Pentru mai multă siguranţă, falsul domn Levi cere părinţilor să nu dea copilului nici o lămurire în ce-l priveşte. Umilinţă la care Uriel reacţionează intempestiv plecând de-acasă la cinci şi jumătate dimineaţa. Cu Bat-Amy s-a întâmplat – se sugerează – ceva similar.

Suferinţa îi apropie, îşi mărturisesc gândurile scriind unul în jurnalul celuilalt: o amintire.

„Doruri”, pare o continuare a „Domnului Levi”, deşi nu este. Toamna anului 1947. Evenimentele se precipită. Se adună comitetul de apărare civilă din cartier. Cineva se agită pentru existenţa unui aparat de transmisie. „La ce bun?”, ripostează sarcastic, tehnicianul radio Efraim. „Ca să ne milogim de englezi să binevoiască să rămână aici şi să ne salveze de arabi? Sau să încercăm să trezim conştiinţa lumii cu versete din Biblie? Ca să se spunem arabilor în cuvinte frumoase să nu ne măcelărească, pentru că altfel nu va avea cine să le vindece pecinginea şi conjunctivita?”. Medicul veterinar Kipnis optează pentru refacerea bunelor relaţii cu arabii spre a se preveni eventuale tulburări după iminenta plecare a englezilor şi recunoaşterea suveranităţii statale a Israelului. Tânărul Nahce, militar în Hagana, organizează strategia de apărare a cartierului şi împarte, concret, misiuni oamenilor din cartier, de la bătrâni la copii, în cazul în care arabii vor prefera să continue vărsarea de sânge. Este, totodată, de acord ca doctorul Kipnis să vorbească cu şeicii arabi, ca să nu fie puse în pericol vieţi omeneşti.

Dar nuvela nu se reduce la picătura de istorie a Israelului modern din preajma declaraţiei de independenţă şi la analiza sociologică: adulţii cu reminiscenţele ţărilor de origine; copiii – cu altă tipologie evreiască decât aceea a Galutului; tinerii - amestec de pragmatism, luciditate, forţă. Ceea ce particularizează nuvela, chiar dacă stilul epistolar în care-i lucrată e unul tradiţional, e drama personală a doctorului Emanuel Nussbaum. Şi cu el, prin el este adusă în prim plan intelectualitatea israeliană a timpului: iubita lui, prof. dr. Hermina Oswald, profesorul Dushkin de la Spitalul Hadassa... Doctorul Nussbaum, o speranţă a cercetării ştiinţifice israeliene, e condamnat să-şi cunoască drumul către moarte, trăind cu intensitate iubirea, prietenia, nevoia de a fi ocrotit şi a ocroti, participând la frământările sufleteşti ale lui Uri, copil diferit de ceilalţi, pentru care nutreşte înţelegerea de care acesta are atâta nevoie. „Tu eşti pentru mine ca un unchi", îi spune Uri. „Nu unchi, vreau să spun. Ceva serios". „Şi părinţii tăi? Şi mătuşa Natalia?" „Râd de mine. Spun mereu că mi-e capul plin de păsărele. Tu nu râzi". Dr. Nussbaum nu se simte exilat. Se trage dintr-o familie evreiască înstărită din Viena înaintea Anschluss-ului. Tatăl lui, mai lucid decât mulţi evrei emancipaţi, nu subapreciază ascensiunea nazismului şi decide plecarea în Palestina. Emanuel primeşte diploma de medic cu patru zile înainte de plecare. Diploma i se înmânează în cadru neoficial. Tot ce simte e amărăciune şi umilinţă. Încearcă să înţeleagă ce e nou şi ce e străvechi în tineri ca Nahce şi alţii ca el. Se întreabă cum îi va fi posteritatea: va continua să trăiască în posibila şcoală de medicină pe care o va crea prof. dr. Hermina Oswald?; în dorurile lui Uri? Ca tot ce-a scris Amos Oz, nuvelele din „Sfatul Muntelui Rău" sunt călătorii în anii de formare: a lui și a Israelului modern.

***

Amos Oz, David Grossman, împreună cu AB Yehoshua, au fost considerați drept un trio al conștiinței colective, liberală a națiunii. Pe lângă faptul că au fost recompensați cu premii literare, fiecare a vorbit împotriva ocupării Israelului a pământului palestinian, fapt care a dus la imposibilitatea realizării unui acord de pace.

David Grosman despre OZ :

„Lumea e mai săracă acum dupa moartea giganticului scriitor israelian Amos Oz," a declarat prietenul său apropiat și colegul său de condei David Grossman.

"M-am consultat foarte mult cu el despre scrisul meu și uneori întrebam despre scrisul lui. Și pentru că i-am spus exact ce credeam - când am apreciat ceva, când nu mi-a plăcut ceva - ne-a favorizat prietenia. Mai presus de toate, el a fost o ființă umană, a fost un bărbat, a fost cald, generos și curios și a vrut să cunoască detaliile familiei și ceea ce făceam, și el mi-a împărtășit detalii la rândul sau. Moartea lui este într-adevăr un fapt dureros. "

"Nu va mai fi un alt Amos Oz, era doar unul ca el. Puteți spune acest lucru despre fiecare ființă umană, desigur, dar a existat ceva unic despre Amos ", a spus Grossman presei.

„Cei care l-au apreciat - și nu numai, aveau nevoie de vocea lui clară și ascuțită - ei au pierdut pe cineva care a făcut viața mai bună. Când o persoană ca Amos - un om de o asemenea măreție, și nu spun asta ușor - trece în neant, lumea se diminuează puțin, se micșorează puțin".

În 1967- când tot Israelul a fost măturat de euforia victoriei militare incredibile, Amos a recunoscut imediat că această ocupație ne va corupe și cât de greu va fi prețul pe care îl vom plăti pentru această corupție și cum ne vom îndrăgosti de ocupație - exact tot ceea ce sa întâmplat cu noi și sa transformat în tragedia noastră. Întotdeauna a fost el însuși, era incoruptibil, de neschimbat, foarte solid și totuși foarte clar. "

În ultimul timp, nu se aștepta să vadă pacea instalată în timpul vieții sale. El a spus că va dura mulți ani. Ura este prea adâncă, suspiciunea este prea adâncă, puterea fricii este atât de puternică și există întotdeauna oameni care încearcă să aprindă ură și suspiciune.

"Dar fiind lucid că obtinerea pacii va dura mulţi ani nu s-a descurajat de eforturile nesfârşite de a păstra această opţiune finală, de a insista asupra imaginării păcii. În momentul de faţă, pacea pare foarte îndepărtată şi inaccesibilă, dar ştia că va veni o zi - într-un deceniu sau cinci decenii - când va exista pace. Nu ştim despre ce va aduce, ce va depăşi ura, animozitatea şi violenţa, dar va exista un astfel de moment."

"Amos a spus mereu că drama conflictului dintre Israel şi palestinieni nu se va termina ca un film de la Hollywood în care toţi păşesc împăcaţi în lumina apusului, ci va fi o pace realistă, dură , generată de limitările părţilor implicate care au fost distorsionate de războiul de atâţia ani ".

„Oz ştia că opiniile sale nu erau populare. Peisajul politic israelian a devenit din ce în ce mai de dreapta, cu o fracţiune pacifistă, practic silenţioasă şi frecvent descreditată. "Era dureros pentru el, dar el a înţeles-o. El a spus că nu este popular să susţii încrederea în duşmanul tău, lucru natural este să nu ai încredere. Dar el credea că trebuie să avem încredere în duşman, trebuie să devenim demni de încredere în ochii vrăjmaşului şi mai ales să devenim demni de încredere în ochii noştri".

"A fost un avocat foarte puternic al soluţiei cu două state. Faptul că este din ce în ce mai puţin popular nu înseamnă că nu este soluţia adevărată şi singura posibilă."

Din interviurile lui Amos Oz

*Shusha Guppy **
pentru ***The Paris Review***

Oz despre călătorii:

Prima regulă nu trebuie să călătorească niciodată când lucrez la o carte. Tind să nu călătoresc în străinătate când scriu, încerc să mă limitez la trei sau patru calatorii pe an. Nu întotdeauna funcționează, dar acesta este modelul meu. În ceea ce privește ziua mea, încep la ora șase dimineața cu o plimbare de patruzeci de minute în deșert, vara și iarnă.

Despre scris, zăpadă în deșert și mici tabieturi:

La fiecare doi sau trei ani ninge în desert. Ar trebui să vezi expresia pe fețele camilelor care traversează deșertul! Atunci înțelegi adevăratul sens al cuvântului "uimire"! Dar chiar și fără zăpadă, este rece în timpul iernii, mai ales în zori, când vânturile furtunoase par să fie hotărâte să dărâme întregul oraș în deșert. Dar mersul pe jos singur aduce lucrurile la proporție.

---

* **Shushā Guppy** *(1935 - 2008), scriitoare, editoare și cântăreața de muzică Persană si Folk. A trăit la Londra din anii 60.*

Dacă mai târziu am citit în ziarele de dimineață că un politician a spus că acest lucru nu se va întâmpla niciodată, știu că acest lucru va dura totdeauna, că pietrele de acolo râd, că în acest deșert, care este neschimbat de mii de ani, un politician cât rezistă?. . . o lună? Șase luni? Treizeci de ani? Complet nesemnificativ.

Apoi mi-am luat cafeaua și am coborât la biroul meu și aștept. Fără a citi, a asculta muzică sau a răspunde la telefon. Apoi scriu, câteodată o propoziție, uneori un paragraf - într-o zi bună, o jumătate de pagină. Sunt aici cel puțin șapte sau opt ore în fiecare zi. M-am simțit vinovat de o dimineață neproductivă, mai ales când am trăit la kibutz, și toți ceilalți munceau - arau câmpuri, mulgeau vaci, plantau copaci. Acum mă gândesc la munca mea ca la un magazin: este munca mea să deschid dimineața, să stau și să aștept clienții. Dacă am unii, este o dimineață binecuvântată, dacă nu, bine, îmi fac încă treaba. Așa că vinovăția a dispărut și încerc să rămân la rutina biroului meu. Lucrările ca răspunsurile la scrisori, faxuri și apeluri telefonice le fac cu o oră înainte de prânz sau cină.

Probabil că poeții și scriitorii de povestiri pot lucra cu un model diferit. Dar scrierea de romane este o afacere foarte disciplinată. Scrierea unei poezii este ca și cum ai avea o aventură, un priveghi de o noapte; o scurtă poveste este o poveste de dragoste, o relație; un roman este o căsătorie - trebuie să fii viclean, să faci compromisuri și să faci sacrificii.

Despre tehnica de scris

Eu scriu cu mâna. Mașina de pe biroul meu [un procesor de text] este pentru a scrie, nu pentru a compune. Ani de zile aveam mașina mea de scris, pe care scriam versiunea finală, astfel încât alții să o poată citi. Acum fac același lucru și pe procesorul de text. Nici măcar nu editez, ci scriu și rescriu cu mana. După multe schite, în cele din urmă le scriu. Procesorul de cuvinte este, pentru mine, nimic altceva decât o mașină de scris, doar că nu trebuie să utilizez Typex pentru a șterge sau corecta o greșeală.

Mă plimb în cameră, apoi stau lângă pupitru, scriu o propoziție și mă plimb din nou. Oscilez între birou și pupitru.

De ce am ales ebraica si nu engleza

Nu, nu am ales niciodată ebraica. M-am născut în ea. Este limba mea maternă. Visez, râd și blestem în ebraică. Și am spus de multe ori că sunt șovinist numai în ceea ce privește limba și că, chiar dacă ar trebui să mă despart de această țară, nu mi-aș abandona niciodată limba. Simt pentru limbă ceea ce poate că nu simt întotdeauna pentru țara asta.

Ebraica este limba în care cred, număr, râd și fac dragoste. Face parte din ființa mea. Ca limbă vorbită, a fost la fel de moartă ca greaca antică sau latina. Avea o literatură veche și o literatură medievală, dar nu un argou de zi cu zi. A fost folosită pentru ritualuri religioase și schimburi științifice între evrei din diferite țări. De asemenea, în Evul Mediu a fost scrisă o poezie cultă de evreii din Spania musulmană, care iubeau ebraica, dar nu o vorbeau în viața de zi cu zi.

Așa că ebraica a fost reînviată aici cu o sută de ani în urmă, dar nu ca rezultat al unei decizii ideologice . Motivul pentru care ebraica a fost reînviată aici este pentru că era singura limbă pe care au avut-o în comun evreii care vin din întreaga lume. Evreii orientali au vorbit arabă, persană, turcă sau ladino (un dialect spaniol), în timp ce evreii europeni au vorbit idiș, rusa, poloneza. Singura limbă în care puteau comunica - să ceară indicații pe stradă, să închirieze un apartament sau un magazin - era cea din cartea de rugăciune evreiască.

Pentru mine renașterea ebraică a apărut atunci când primul băiat a spus primei fete "Te iubesc" în ebraică. Sau a fost fata care a spus-o băiatului? Acest lucru nu sa întâmplat de șaptesprezece secole. Sper că băieții și fetele s-au întâlnit reciproc și au trăit fericiți (o meritau), pentru că au reînviat limba. Toate acestea, nu s-ar fi întâmplat dacă nu ar fi existat deja un corp de literatură semnificativ în ebraică, o literatură care conținea, în mod surprinzător, câteva sensibilități moderne. Oamenii ca Bialik, Brenner, Berdichevsky, sau Mendele au facut limba modernă.

Pe de altă parte, ebraica este ca un vulcan, la fel ca engleza elizabetană. Eu nu spun că poeții noștri sunt toți Shakespeare, dar faptul că limba izbucnește ca un vulcan;

se întâmplă tot timpul. Deci scrierea în ebraică este o provocare minunată.

Ea este limbajul revelației. Gândiți-vă să cântați o piesă de muzică de cameră în interiorul unei catedrale - trebuie să fiți foarte atenți cu acustica, altfel puteți produce o mulțime de ecouri pe care nu le doriți. Trebuie să utilizați cuvinte care au conotații profetice și mistice pentru a descrie o simpla ceartă între părinți și copii. Nu e de dorit să aducem Isaia și Psalmii și Muntele Sinai în trivial. Deci, mereu pășim în vârful unui câmp minat. Dacă uneori vrei să produci o explozie, atunci este ușor de făcut - prin introducerea unui cuvânt greu în mijlocul unei propoziții prozaice. Eu am sentimentul că lucrez cu un instrument muzical minunat.

- Afirmația lui Shelley că "poeții sunt legislatorii nerecunoscuți ai lumii" pare să se aplice la scriitorii Israelieni.

- Avem o tradiție oarecum diferită. În Occident, cel puțin în țările vorbitoare de limbă engleză, scriitorii, chiar scriitorii și poeții mari, sunt de obicei considerați în primul rând ca animatori. Ei pot fi fini, subtili, adânci, dar sunt totuși artisti ai divertismentului. Chiar și Shakespeare este privit ca un magnific, un mare artist al divertismentului. Prin contrast, în tradiția iudeo-slavă, scriitorii sunt considerați profeți. Aceasta poate fi o povară teribilă, pentru că, spre deosebire de profeți, ei nu aud voci de sus și eu nu cred că sunt pregătit să fiu profet - să prezic viitorul sau să inlocuiesc conștiința oamenilor .

Poate că trebuie să cercetăm cuvântul ficțiune, care nu există în ebraică. Veți găsi titlul „siporet", ceea ce înseamnă proză narativă. Forma este un pic mai decentă, pentru că ficțiunea are un miez de minciună fiind, opusul adevărului. Din punctul meu de vedere, acest lucru este un nonsens: de ce ar trebui James Joyce, care a avut curajul de a măsura literalmente câți pași au existat între bar și căsuța poștală de la colțul străzii, sau Tolstoi, care a studiat cele mai minuțioase detalii despre bătălia de la Borodino, a fi considerați scriitori de ficțiune, în timp ce jurnalistul cel mai banal, care folosește astfel de clișee ca de ex: "cazanul fierbinte din Orientul Mijlociu", este considerat un scriitor realist? Romancierul nu are scop politic, ci este preocupat de adevăr, nu de fapte. Așa cum spun într-unul din eseurile mele, uneori cel mai rău dușman al adevărului este realitatea. Sunt scriitor de proză narativă, siporet, dar nu sunt un profet sau un ghid, nici nu sunt inventator de "ficțiuni".

OZ arată cum războiul modifică mersul vieții

Deoarece viețile noastre sunt înmuiate de istorie. Istoria nu este un spectacol pe ecranele TV sau ceva petrecut în străinătate, în Congres sau în Camera Comunelor, ea este peste tot și pătrunde în cele mai intime țesuturi ale vieții. Pentru a da un exemplu: în timpul războiului din Golf, am primit măști de gaze împotriva bombelor chimice. Fiul meu care este astmatic și poate respira cu greu a trebuit să poarte o mască. Stăteam așezați, închisi într-un dormitor ermetic, purtând aceste măști ciudate, arătând ca niște monştri, intimitatea cea mai privată era invadată de o ameninţare de la două mii de mile distanţă. Deci, cum se vede, nu putem scăpa de realităţi. Oamenii folosesc momente din istoria ţării pentru a măsura timpul: m-am căsătorit chiar înainte de războiul de şase zile, spun ei. Sau, fiica mea s-a născut în ziua în care Sadat a venit în Israel.

Baruch Elron - Artist în orice situaţie – 1991 - Ulei pe pânză

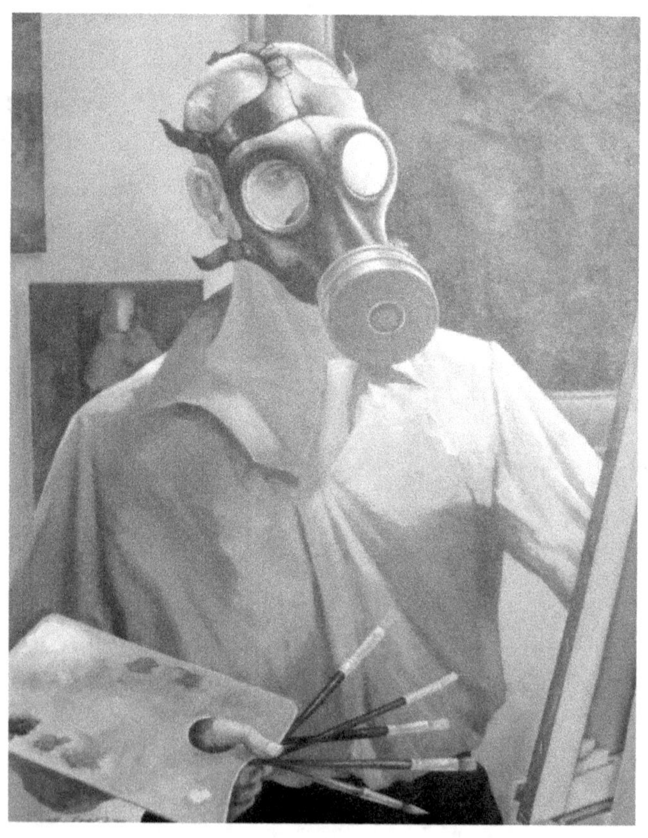

Conflictul cu Palestinenii

Este o chestiune de diagnostic. Conflictul dintre palestinieni și israelieni nu este o problemă a drepturilor civile, ci o dispută internațională. Nu am cucerit Cisiordania și fâșia Gaza pentru a priva palestinienii de drepturile lor umane (nici nu au avut multe dintre acestea) și nici pentru a le acorda drepturile omului. Am cucerit Cisiordania și F Gaza, deoarece Israelul a fost atacat în 1967 și amenințat cu dispariția. Odată ce securitatea noastră este protejată, ar trebui să plecăm din zonele palestiniene și să le lăsăm să fie libere. Drepturile oamenilor din Gaza sunt o problemă palestiniană.

Intifada și drepturile omului

Este o iluzie să credem că poate exista o ocupație militară de lux. Este ca un viol prietenos - o contradicție în termeni. Am investit fiecare gram de energie pe care îl aveam în căutarea unor modalități de a pune capăt ocupației, nu de a o îmbunătăți, pentru că nu cred că dacă ocupația ar fi mai frumoasă, ar rezolva orice. Nu este nevoie să îmbunătățim modul în care stăpânim; trebuie să ne oprim de la guvernare. Deci, într-o oarecare măsură, atitudinea mea a fost mai radicală decât a poporului pentru drepturile omului. Ei au privit problema ca o ciocnire între două comunități sau două clase sociale, în timp ce am considerat întotdeauna o dispută internațională între două națiuni diferite. Prin urmare, nu am risipit timp să încerc să introduc anumite concepte americane de stânga, cum ar fi privirea palestinienilor precum niște negri americani sau propunând că tot ce avem nevoie este un sistem de autobuze galbene şi integrare. Nu pierd timp pentru aceste irelevanţe.

Ce autori au lăsat o impresie de durată sau au declanşat vocaţia lui OZ

Când aveam nouă sau zece ani, am citit cărţile sioniste despre gloriile vechilor regate ale Israelului. Am decis să devin un terorist împotriva mandatului britanic. Am construit o rachetă intercontinentală dintr-un frigider avariat şi scheletul unei motociclete. Planul meu a fost să direcţionez această rachetă peste Palatul Buckingham, apoi să trimit o scrisoare regelui Angliei spunând: Fie că ieşiţi din ţara mea, fie că plecaţi! Am fost un copil rebel împotriva britanicilor - am aruncat cu pietre in soldaţii britanici şi am strigat: Du-te acasă. Aşa că lecturile mele timpuri erau naţionalistă, în spiritul luptei de câştigare a libertăţii a celor din lumea a treia: cărţi despre Risorgimentoul italian, " Inima" lui De Amicis, despre copii mici care îşi salvează ţara printr-o faptă eroică sau sacrificiu de sine. Mai târziu am descoperit ruşii, în special Dostoievski, Tolstoi şi, mai presus de toate, Cehov. Am simţit că Cehov trebuie să fi venit din cartierul nostru din Ierusalim, nimeni nu a captat vreodată acei mici reformatori paralizaţi, care au folosit cuvinte mari, aşa cum el a făcut.

De ce nu am devenit terorist

Nu a existat nicio contradicţie între cele două activităţi: aş putea fi terorist şi să scriu. Tatăl meu scria broşuri ilicite împotriva perfidului Albion, numindu-i pe britanici pe nume, citând Shelley, Keats şi Byron pentru a dovedi cât de ipocriţi şi nedrepţi erau. În acelaşi timp a fost un mare anglofil, după cum ilustrează următoarea anecdotă. În 1947 a avut loc o stare de arest și căutari la domiciliu. Tatăl meu a fost rugat de mişcarea subversivă evreiască să ascundă câteva cocteiluri Molotov în casa noastră; a fost riscant, deoarece exista o pedeapsă cu moartea pentru activitățile teroriste. Apartamentul nostru a fost mic şi se sufoca cu mii de cărţi, iar tatăl meu a ascuns explozibilul în spatele unor cărți de pe un raft și ne-a spus despre asta, astfel încât nu le-am dat jos din greșeală. Au venit britanicii, ofițerul lor a fost extrem de politicos și, scuzându-se pentru deranj, a început căutarea cu câțiva soldați. Am fost îngroziți. Ei au crezut, evident, că tatăl meu era prea carismatic ca să fie terorist și au căutat în mod superficial. În timp ce se pregateau să iasă, ofițerul a făcut o remarcă politicoasă despre cărți și a întrebat dacă avem și autori englezi. Asta l-a provocat pe tatăl meu: “Ce vrei să spui, domnule? Bineînțeles că avem cărți în limba engleză!” a spus el, și a început să scoată un clasic englez după altul. Mama și cu mine am fost pietrificați, dacă tata uită de explozibile, sau că ar putea să le expună brusc, sau să provoce o explozie, în timp ce arăta cărți. Motivul pentru care am supraviețuit a fost că a ascuns explozivi în spatele cărților rusești - cu anarhiştii și teroriştii Rusiei din secolul al XIX-lea - Bakunin, Nechaev, Kropotkin, Dostoievski.

Oz începe să scrie la kibutz

Întotdeauna am scris, încă de când am învățat alfabetul la vârsta de cinci ani. Am inventat câteva povești. Am scris la școală și când eram șofer de tractor în kibbutz și când eram în armată. Momentul de cotitură a venit când am devenit conștient că m-am născut să scriu și am decis să fiu scriitor. Câteva poezii și povestiri pe care le scriam în timp ce lucram în câmpurile de bumbac au fost publicate și bine primite . Așa că am cerut o dispensație de o zi pe săptămână de la fermă pentru a scrie. Acum toată lumea ar fi putut susține că el sau ea a fost artist și I se cuvine eliberarea de la munca manuală. O comisie trebuia să decidă cine era un artist adevărat și cine nu era. Au spus că, dacă acordăm o zi liberă lui Oz, cum putem să refuzăm următoarea cerere? Era un bătrân –în vârsta acum - care a spus: Poate că acest tânăr are talent, poate că este un viitor Tolstoi, dar este prea tânăr. Lăsați-l să lucreze în câmp până la patruzeci de ani, atunci va avea ceva de scris. Din fericire, el a fost respins și mi sa spus că aș putea avea o zi pe săptămână, cu condiția să lucrez de două ori în alte zile, ceea ce am făcut. Dar m-am concentrat , m-am gândit la ceea ce scriu tot timpul când lucram în câmp.

În zilele dedicate scrisului muncem douasprezece, chiar cincisprezece ore pe zi.

După prima sa carte, Oz se incrie la universitate. De ce a ales filosofia?

Kibutzul m-a trimis la universitate pentru că aveau nevoie de profesori. Tatăl meu a spus că nu vezi niciodată un anunt publicitar într-un ziar spunând: Cautam un filosof! Așa că am crezut că aș putea să studiez ceva care nu a vrut nimeni. Dar am avut noroc: am apucat generația de mari filozofi care predaula Universitatea din Ierusalim. Spiritul lui Martin Buber era încă acolo, așa cum au fost Gershom Scholem și Bergman și alții. Ierusalimul a fost apoi un bastion al gândirii centrale europene, din Germania și Praga. Dar eu citeam filozofia în timp ce mă ocup de generalizări, pentru că eram un povestitor. Când într-o discuție despre etică profesorul a spus, pentru ilustrare, că prima dată când Ruth l-a întâlnit pe David, mintea mi-a rătăcit și am început să-mi imaginez imediat o poveste în jurul întâlnirii. Dar am reușit să obțin note bune și să-mi termin diploma.

Ce citea OZ și ce filosofie l-a atras

Citeam Platon, Aristotel, Sfântul Augustin, Sfântul Toma de Aquino... dar m-am specializat în Spinoza care era un ganditor politic. El a creat aceste palate de gheață, de logică pură, care erau cristalizarea emoțiilor care în acel moment m-au fascinat. Era ca muzica; era mai aproape de muzica clasică decât orice alt filosof. El m-a aprins ca si Bach.

“Într-o pace perfectă”, am spus că Spinoza nu este împotriva speranței, ci dimpotrivă "subliniază în mod special ideea libertății umane." Că suntem liberi să acceptăm "legile care stau la baza inevitabilității". Ceea ce am vrut să spun este că există un echilibru perfect în Spinoza între observație și acțiune, în măsura în care observarea nu duce la pasivitate și la fatalism - nu trebuie să renunți la intelectul tău pentru a lua măsuri. Cei mai mulți filozofi consideră că trebuie să renunți la ceva pentru altceva: fie rațiune, fie emoție, fie asta, fie asta. . .

Eram un soldat tânăr și citisem ceva scris de Ben-Gurion despre Spinoza și i-am scris o scrisoare în care m-am opus cu tărie interpretării filosofului. Spre surpriza mea, secretarul meu a sunat și m-a chemat la birou a doua zi în zori. Imaginați-vă că sunteți convocați de regină sau de președintele Statelor Unite. Ben-Gurion avea un prestigiu extraordinar și o mare carismă, deși eara un bărbat scund cu un cap imens. El s-a plimbat în sus și în jos și mi-a demolat argumentele în bucăți, cu un spirit ascuțit ca o lamă de ras.

Spinoza nu s-a convertit la creștinism. A fost excomunicat de șefii evrei ai Amsterdamului dar nu s-a botezat.

În ceea ce mă privește, sunt fascinat de Isus, unul dintre cei mai mari evrei din toate timpurile, dar nu am fost niciodată ispitit de creștinism. Isus însuși, care nu s-a convertit niciodată, în viața sa nu a văzut și nu a putut vedea interiorul unei biserici, dar ar fi putut, dacă ar fi trăi mai mult, să capete o preferență pentru această sau acea biserică creștină. Sau poate că și-ar fi păstrat distanța.

Oz califică situația arabo-israelian o tragedie, deoarece ambele părți au dreptate în pretențiile lor față de teritoriu.

Romanele mele nu se referă la justiție. Cunoasteti o poveste Hasidică din Evul Mediu despre un rabin care, în calitatea sa de judecător, trebuie să treacă un verdict între două pretenții pentru aceeași capră. Îi ascultă cu grijă pe ambii reclamanți, apoi declară că amândoi au dreptate. Soția lui spune: Dragule, este imposibil, nu poți împărți o capră; fie că aparține lui X, fie lui Y, nu pot avea ambi dreptate. Rabinul își scarpină capul și spune: Știi ce , draga Soție, și tu ai dreptate!

Eu sunt rabinul. Dacă ar fi trebuit să vă spun într-un cuvânt despre ce înseamnă lucrarea mea, aș spune familia. Consider că familia este cea mai misterioasă instituție, și cea mai puțin probabilă, paradoxală, contradictorie. Noi auzisem profeții despre moartea familiei de secole. Și uitați-vă cum a supraviețuit religiilor și ideologiilor și regimurilor și schimbărilor istorice. Tatăl, mama, frați și surori, și ce se întâmplă între ei. Această idee mă face să înțeleg că multe conflicte din lume pot fi concepute în termeni familiali: o rotație perpetuă de iubire și ură, geloziei și solidarității, fericire și mizerie. Această rotație este în aproape fiecare dintre romanele mele. Este o familie în care toată lumea se află în conflict cu toți ceilalți și toată lumea are dreptate, la fel ca în povestea rabinului și a caprei. Fiul are dreptate pentru că tatăl este tiranic, tatăl are dreptate pentru că fiul este leneș și lipsit de respect, mama are dreptate, deoarece fiul și tatăl sunt exact asemănători și se merită unul pe altul iar fiica are dreptate că nu poate sta în atmosfera asta și a părăsit casa. Cu toate acestea, toți se iubesc unii pe alții. Așa că uneori văd conflictele internaționale prin perspectiva familiei.

Oz își schimbă brusc stilul, de exemplu în Black Box, este epistolar. De ce ?

Din greșeală. Am vrut să încep romanul cu o scrisoare de la o femeie către fostul soț, pe care el o divorțase cu șapte ani în urmă. Au un fiu la care soțul a renunțat complet, iar fosta soție vrea să organizeze o întâlnire între ei. Așa că am crezut că voi începe cu scrisoarea ei. Dar apoi soțul a răspuns înapoi, a început o corespondență între ei, iar alte personaje treptat au scris scrisori, și am continuat, dincolo de controlul meu, până la sfârșit. Este o greșeală să credem că romancierul este un Dumnezeu atotputernic și poate face orice vrea. La un moment dat personajele preiau controlul. Romancierul își poate pune piciorul în prag și poate spune: refuz să iau acea direcție, dar nu poate spune personajelor sale cine să fie și cum să-și desvaluie poveștile. Cutia Neagră a evoluat într-un roman epistolar, deoarece personajele îl voiau în acest fel. Trebuie să adaug că este o formă îngrozitor de dificilă, mai ales acum că oamenii doar iau telefonul și niciodată nu se deranjează să scrie, astfel încât acest stil are o credibilitate redusă. În acest caz, în timp ce personajele nu vorbeau unul cu celălalt, scrierea de scrisori era solutia. Adică cine mai scrie scrisori acum? Un soț și o soție care au avut o cearta și nu-si vorbesc, lasă niște note pe frigider sau în bufet; copiii care au plecat, au scris părinților lor, pe care nu pot să-i suporte,doar ca să ceară bani. Astfel, scrisorile devin un mediu de intimitate și de detașare în același timp. Este, de asemenea, o modalitate bună de a pune gândurile pe tavă fără a fi întrerupt în mijloc, ceea ce se întâmplă în argumentele familiei. După cum am spus, încep mereu cu o grămadă de personaje.

OZ – gânduri despre moarte

Am cincizeci și șapte de ani, iar aici în Israel, la 57 nu mai ești tânăr. Înseamnă că sunt mai în vârstă decât țara mea. Bineînțeles că mă gândesc la moarte. N-aș avea o bucurie de viață sau stare de euforie dacă nù m-aș gândi la moarte în fiecare zi. Mă gândesc la moarte, dar mă gândesc și mai mult la morți. Gândul celor morți mă pregătește pentru propria moarte. Deoarece acei morți există doar în amintirea mea, dorința mea, capacitatea mea de a reconstrui un moment trecut, aproape o recapitulare Prousuiana a unor gesturi precise, care ar fi putut să se petreacă acum cincizeci de ani. Într-o zi am petrecut ore întregi reconstruind un episod de zece minute al copilăriei mele: o cameră cu șase persoane în ea și eu sunt singurul care încă mai trăiește. Cine stătea acolo? Cine spune ce? Apoi m-am gândit să îi țin pe acei oameni în viață cât de mult pot, în inima mea, în capul meu sau în scrisul meu. Dacă atunci când voi muri cineva mă va ține în viață în același mod, va fi o afacere echitabilă. După cincizeci de ani, moartea poate veni oricând... Pregătirea, ea este totul, așa cum a spus Hamlet.

Aș prefera să vină peste cincizeci de ani de acum înainte. Îmi place viața și mă bucur de ea extraordinar, dar o parte din acea bucurie este că viața mea este populată atât de morți, cât și de cei vii. Dacă moartea ar veni în seara asta, m-ar găsi supărat și nemulțumit, dar nu nepregătit.

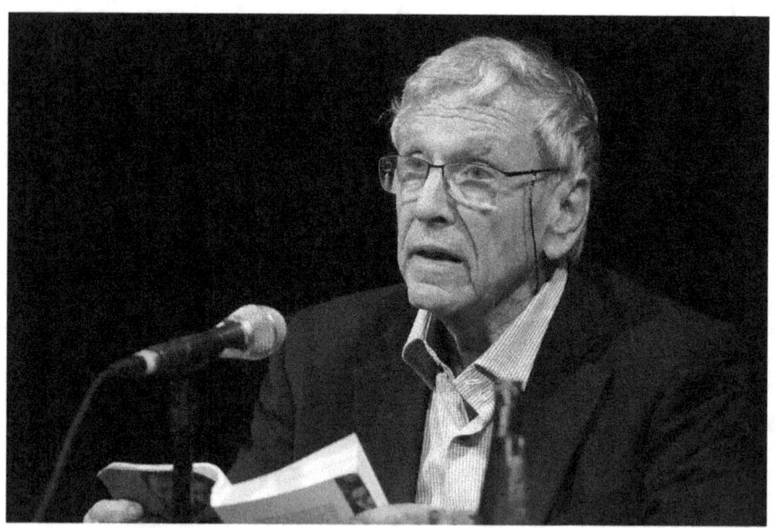

Baruch Elron - Pregătiri pentru miluim
(soldat în rezervă)

Amos OZ si Alain Elkann *

O discuție la 60 de ani de existență a Israelului

Israelul s-a născut din vise, nu din cauza geografiei sau a demografiei. Au fost multe vise diferite. Visele părinților și al mamelor lui Israel. Unii au visat să recreeze zilele Bibliei. Alții au visat să creeze o replică a orașelor evreiești din Europa de Est. Alții au visat să copieze Austro-Ungaria în Orientul Mijlociu. Alții doreau o Scandinavia social-democrată. Iar alții vizează crearea unei țări marxiste. Aceste vise s-au anulat și nu au putut fi realizate. După șaizeci de ani, Israelul are un sentiment de dezamăgire tocmai pentru că a fost născut dintr-un vis. Dar nu este dezamăgire în ceea ce privește relizarea Israelului, ci este vorba de natura viselor. Singura modalitate de a menține simțul unui vis minunat și perfect este de a nu încerca niciodată să-l materializezi. În momentul în care visul se împlinește, începe dezamăgirea. Israelul este un vis împlinit și iată, ne produce dezamăgire.

Cum rămâne cu realitatea la voi?

Realitatea este că este o țară foarte mediteraneană, la fel ca Grecia, Italia și Spania. Este o țară zgomotoasă, pasionată, materialistă și generoasă, cu o inimă caldă, și creează o mulțime de rumori despre asta. Pot spune că Israelul aparține mai mult într-un film Fellini decât într-un film Bergman.

Cum rămâne cu aspectul războiului, conflictul cu palestinienii?

Războiul este cea mai mare tragedie a arabilor și a israelienilor. Pacea este cel mai mare vis al israelienilor și cred că va veni. Nu știu cât de curând. Nu vă pot da o întâlnire. Este greu să fii profet în țara profeților, dar știu că într-o zi va exista o ambasadă palestiniană în Israel și o ambasadă israeliană în Palestina. Aceste două ambasade vor fi la doar câțiva kilometri distanță, pentru că va exista un Ierusalim de Vest și un Ierusalim de Est.

Spui că Ierusalimul va fi împărțit în două?

Cred că Ierusalimul de Vest va fi capitala Israelului, iar Ierusalimul de Est va fi capitala statului Palestinian.

Cine va primi Zidul Plângerii?

Nu știu care vor fi granițele exacte, dar cred că locurile sfinte trebuie să rămână în afara teritoriilor și să fie deschise tuturor credincioșilor.

Israelul va exista peste o sută de ani sau sunteți de acord cu alții care cred că nu va supraviețui?

Cred că va mai exista. Nu văd niciun motiv pentru care nu va fi așa. Cred că într-o zi, așa cum sa întâmplat în Europa, va exista pace. Dar nu va dura o mie de ani și mult mai puțin sânge va fi vărsat.

Ce crezi despre Iran, duşmanii din afară şi ameninţarea bombei atomice?

Mă tem că, în aproximativ cincisprezece ani, toate ţările vor avea bomba atomică şi va exista acelaşi echilibru precar care a existat între Statele Unite şi Uniunea Sovietică sau care există acum între India şi Pakistan.

Credeţi că ar putea exista noi războaie mondiale?

Este dificil de prezis.

Dar literatura?

Înfloreşte pe versanţii unui vulcan activ. Chiar şi atunci când lumea este periculoasă şi incertă, oamenii continuă cu viaţa lor de zi cu zi. Ei visează, plantează grădini, lucrează la pământ, citesc şi produc literatură. În Israel, avem astăzi o epocă de aur pentru literatură. Israelienii citesc şi scriu multe cărţi. Şi, mai ales, discută multe cărţi. Ocazional, un şofer de taxi mă va recunoaşte când intru in maşina lui şi încep să vorbesc. Nu cu mine sau cu mine, ci cu personajele din cărţile mele.

Tatăl tău a putut să vadă succesul tău?

A văzut primele trei cărţi publicate. El a fost fericit de scrierile mele, dar a fost împotriva ideilor mele politice. A murit cu patruzeci de ani în urmă şi încă mai am discuţii politice cu el. Am obiceiul să-i invit pe morţi în casa mea din când în când. Îi cer să se aşeze, să ia o cafea şi să vorbească despre lucrurile despre care nu am vorbit niciodată când erau încă în viaţă. După cafea, ei pleacă pentru că nu vreau ca morții să locuiască în casa mea. Dar, ocazional, îi invit la o cafea sau la o conversație. Cred că acesta este modul potrivit de a trăi cu cei morți, iar cu visurile noastre îi invităm pe morți să se întoarcă.

* *Alain Elkann (născut pe 23 martie 1950) este un romancier și jurnalist italian. În prezent, Elkann este directorul programelor culturale din televiziunea italiană.*

O temă recurentă în cărțile sale este istoria evreilor din Italia, melanjul lor cu istoria italiană și relația dintre credința evreiască și alte religii. Este scriitor pentru revista La Règle du Jeu, Nuovi Argomenti, revista "A" și revista Shalom.

Ulei: Baruch Elron

Desene - Arhiva Baruch Elron

Alte interviuri, fragmente

Amos - compară cărțile și călătoriile

Cred că să citești o carte bună e mai bine decît să călătorești. Dacă îți cumperi un bilet de avion și pleci să vizitezi, de exemplu, Columbia, să zicem pentru două-trei săptămîni, vei vedea monumente, muzee, locuri istorice, dacă ai noroc vei sta de vorba cu cîțiva din oamenii locului, apoi te vei întoarce acasă. Dar dacă citești un roman de García Márquez despre Columbia, ești invitat în casele oamenilor de-acolo, în sufrageria lor, în bucătăria lor, chiar și în dormitoarele lor. Ajungi acolo unde nici un turist nu ajunge vreodată. Așadar, cărțile sînt cel mai bun mijloc posibil de a cunoaște cu adevărat alți oameni, alte tradiții, alte mo-duri de viață, alte țări, alte civilizații.

Cum a fost tradus Amos în arabă și cum a fost receptată această carte despre evrei în lumea arabă

Povestea este, într-adevăr, foarte emoționantă. Cu șase sau șapte ani în urmă, un tînăr palestinian din Israel pe nume George Khoury făcea jogging în campusul universității din Ierusalim cînd a fost împușcat în cap și ucis de către teroriști palestinieni care l-au luat drept evreu. După această tragedie, familia lui îndurerată a decis să finanțeze traducerea în arabă a cărții mele, Poveste despre dragoste și întuneric, pentru a-și comemora fiul și, în același timp, pentru a ajuta cele două popoare să se cunoască și să se înțeleagă mai bine. Așa că traducerea arabă, publicată la Beirut, în Liban, este dedicată memoriei lui George Khoury. Cartea a fost primită cu sentimente amestecate. Unii critici au strigat cu furie: „De ce a trebuit să traducem în arabă o carte de propagandă israeliana?'. Alții au scris: „Lăsații pe scriitorii noștri să citească această carte și să învețe să scrie!'. Așadar, a fost o reacție polarizată. Cartea a apărut în toate țările arabe. Foarte de curînd, cineva mi-a adus o copie-pirat a cărții în limba kurdă, a cărei traducere a fost făcută din arabă, fără permisiunea mea. Bineînțeles, am fost foarte fericit. Lăsați cît mai mulți oameni sa citească această carte, fiindcă, așa cum v-am spus, cred că poveștile, cărțile, construiesc poduri între oameni.

Despre familia băiatului ucis

Suntem prieteni buni și ne vizităm din când în când. Tatăl, Elias Khoury, e un avocat eminent, care a trăit aceeași tragedie de două ori: cu ani în urmă, tatăl sau a fost ucis într-un atac terorist palestinian, în Ierusalim. Apoi fiul sau a fost ucis. Acest om, care în treacăt fie spus nu este nici pe departe un simpatizant al sionismului, a fost lovit de două ori de către teroriștii palestinieni.

Ce știe Amos despre cititorii arabii și cei de rând?

E foarte greu de spus, pentru că nu există comunicare directă între evrei și lumea arabă. Totuși, am auzit despre unele reacții de la cititori din lumea arabă care au citit Poveste despre dragoste și intuneric și au spus că această carte i-a schimbat - așa cum și dumneavoastră mi-ați spus că lectura cărților mele v-a făcut să va gîndiți la oamenii simpli din Israel. Pentru că, în mintea multor arabi, israelienii nu sînt altceva decît soldați plini de cruzime. Așadar, când citești despre familii de evrei, despre copii, despre viață de zi cu zi, despre dezamăgirile și tristețile lor, acest lucru îți deschide ochii, oriunde ai fi.

Despre familie

Gândiți-va la un pod peste un râu. Dacă podul funcționează bine, asigurând traficul a 75.000 de mașini pe zi, a sute de trenuri și a mii de pietoni, nu există nici o poveste de spus despre asta. Dar dacă podul se prăbușește, atunci avem o poveste. Fericirea vorbește de la sine, nu are nevoie de o poveste. Doar nefericirea are nevoie să-i spui povestea. Tolstoi a scris, în Anna Karenina, că toate familiile fericite sunt la fel, dar că fiecare familie nefericită e nefericită în felul ei. Eu c red că familiile fericite sunt și ele diferite uneori. Dacă mă veți ruga să va spun într-un cuvânt despre ce sunt cărțile mele, o să va spun: „despre familie". Dacă îmi cereți să va răspund în două cuvinte, voi spune „despre familii nefericite". Dacă îmi cereți trei cuvinte, va trebui să-mi citiți cărțile. Pentru mine, familia este cea mai fascinantă instituție din univers. Cea mai misterioasă, cea mai paradoxală, cea mai tragică, cea mai comică, cea mai absurdă și cea mai durabilă instituție. Priviți cum, de mii de ani, familia supraviețuiește – cu greutate, face tot felul de zgomote ciudate, se zbate, se lupta, dar e încă în viață. Iisus a spus că ceva mai bun urmează să vină, să înlocuiască instituția familiei. Platon a prezis şi el acelaşi lucru. Dar familia a supravieţuit şi există încă peste tot - din Greenwich Village pînă în Iran şi din Africa la Polul Nord. Această instituţie - mamă, tată, fii, fiice - încă funcţionează cumva, cu dificultăţi, cu opintiri, adesea cu eşecuri, dar merge mai departe. Deci, pentru mine, familia e un mare mister. Dacă ar fi să aleg între două opţiuni, aceea de a face parte din prima misiune pe planeta Marte şi aceea de a petrece 24 de ore în postură de muscă în casă unei familii – orice familie –, eu aş alege să fiu muscă, nu astronaut. Mai întîi pentru că e mult mai sigur, apoi pentru că e mult mai interesant.

Kibutz, oraş, deşert

Nimic în viaţa reală nu va fi vreodată ca în visele noastre. Singurul mod de a păstra un vis perfect este să nu-l trăieşti niciodată în realitate. Asta e adevărat în orice fel de vis, fie că e vorba de o călatorie, despre o vacanţă, despre întemeierea unei familii, despre o fantezie sexuală sau despre construirea unei ţări. În orice vis îndeplinit există întotdeauna un mic sentiment de dezamăgire. Dezamăgirea mea nu a fost legată de natura kibbutzului, ci de natura visului însuşi. Aşadar, viaţa mea în kibbutz nu a fost aşa cum am visat că va fi. Dar am învăţat enorm despre natura umană, în anii pe care i-am petrecut în kibbutzul Hulda. A fost cea mai bună universitate la care aş fi putut să studiez vreodată. Mă întreabă unii dacă vreau să plec din kibutz. De multe ori. Cred că orice om - dintr-un kibbutz sau de oriunde - visează din când în când să plece în lume.Orice fiinţă umană are fantezii despre ruperea rutinei şi evadare.

Este cea mai comună fantezie umană. Ce m-a reţinut a fost curiozitatea legată de viaţa în kibbutz. Am fost foarte curios în legătură cu această comunitate mică, de 300 de oameni, cărora le cunoşteam toate secretele. Ştiam totul despre toată lumea. Desigur, pedeapsa mea a fost că şi ei ştiau despre mine mai mult decît aş fi vrut eu să ştie. Dar până la urmă era corect, nu pot să mă plâng. Deci curiozitatea m-a ţinut acolo atâţia ani. Acum stau la oraş. Locuiesc într-un oraş mic şi am o viaţă liniştită, discretă, cu o rutină zilnică foarte bine stabilită. Nu merg în multe locuri, nu stau în cafenele literare, nu merg des în turnee de promovare a cărţilor, deci nu trăiesc cu adevărat în lumina reflectoarelor.

Locuiesc într-un oraş mic şi izolat, numit Arad, lângă deşert şi îmi văd de programul meu zilnic. Trăiesc cu familia mea şi cu munca mea. Dacă mă aşez la o masă într-o cafenea din Arad, oameni pe care nu-i cunosc se aşază lângă mine şi încep să discute politică - pentru că cei mai mulţi oameni din Israel nu sînt de acord cu politica mea, aşa că vor să discute în contradictoriu cu mine. Nu mă deranjează, îmi place.

Apoi deşertul. Deşertul e minunat. Deşertul te învaţă să fii umil. În fiecare zi, mă trezesc la ora cinci şi fac o plimbare de 30-45 de minute în deşert, uneori îmi petrec chiar o zi întreagă acolo. E un loc perfect tăcut, gol, pur. Când mă întorc acasă şi dau drumul la radio, aud un politician sau altul folosind cuvinte precum „niciodată", sau „întotdeauna", sau „pentru totdeauna" şi ştiu că pietrele din deşert râd de ei. Ce pot să spun este că iubesc deşertul, iar acesta e un vecin minunat şi o permanentă sursă de inspiraţie.

Interviu - februarie 2012 - cu Adela Greceanu

Ce succese aţi avut ca activist pentru pace?

E foarte greu de măsurat impactul activităţii mele de militant pentru pace. Atunci cînd colegii mei şi cu mine am început, în urmă cu mai bine de patruzeci de ani, să pledăm pentru un compromis între Israel şi Palestina şi pentru soluţia împărţirii în două state vecine, eram foarte, foarte puţini. Atît de puţini, încît am fi putut să ne ţinem adunările naţionale într-o cabină de telefon public. Astăzi, majoritatea israelienilor acceptă soluţia împărţirii în două state. Dar acesta nu e succesul meu, ci rezultatul unor palme dure ale realităţii pe feţele israelienilor şi ale palestinienilor.

În "Cum să lecuieşti un fanatic" aţi scris că aţi devenit expert în Fanatism Comparat copilărind în Ierusalim. Ce e un fanatic, ce numiţi dvs. un fanatic?

Un fanatic e un semn de exclamare ambulant. Un fanatic este un bărbat sau o femeie care ştie toate răspunsurile şi nici măcar nu-l/n-o interesează întrebările. Un fanatic este întotdeauna înnebunit să încerce să te schimbe pentru binele tău. E mai interesat de tine decît de sine. Pentru că are o personalitate foarte săracă şi superficială. Deci e un mare altruist. Întotdeauna încearcă să-i schimbe pe ceilalţi. Şi dacă nu reuşeşte să-i schimbe, îi omoară.

Majoritatea oamenilor, dar nu şi dvs., cred că trăim într-o lume împărţită în buni şi răi. Cum încercaţi să convingeţi pe cineva că nimeni nu are dreptate şi, în acelaşi timp, fiecare are dreptate?

Răspunsul, într-un singur cuvînt, este curiozitatea. Sînt un mare susţinător al acestei trăsături. Cred că un om curios este un om mai bun decît un om care nu este curios. Cred chiar că un om curios este un amant mai bun decît un om care nu este curios. Curiozitatea cred că este un antidot puternic împotriva fanatismului.

Aţi mai spus şi că soluţia de a rezolva un conflict este compromisul. Pentru cei mai mulţi oameni compromisul este un semn de laşitate. Ce numiţi dvs. compromis?

Pentru mine cuvîntul „compromis“ este sinonim cu cuvîntul „viaţă“. Unde e viaţă, e compromis. Iar antonimul compromisului nu este integritatea, nici idealismul. Opusul compromisului este fanatismul şi moartea.

Ca expert, ce soluţie aveţi pentru a vindeca un fanatic?

Mi-ar fi plăcut să inventez pilule cu umor şi să conving lumea să le ia, fiindcă n-am văzut niciodată un fanatic cu simţul umorului şi n-am văzut niciodată pe cineva cu simţul umorului devenind fanatic, decît dacă şi-a pierdut simţul umorului. Aşa că, dacă aş reuşi să conving pe toată lumea să ia pilula mea cu umor, aş fi candidat la Premiul Nobel pentru medicină, şi nu pentru literatură.

V-aţi gîndit că aţi putea fi un fanatic combatant împotriva fanatismului?

Întotdeauna există acest pericol. Încercînd să lupţi împotriva fanatismului, te poţi îmbolnăvi tocmai de fanatism. Poţi deveni un fanatic antifanatic. Dorindu-ţi cu ardoare, la rîndul tău, să-i schimbi pe ceilalţi.

O să veniţi pentru a treia oară în România. Ce aşteptări aveţi de la această vizită?

Cea mai mare aşteptare se leagă de ocazia de a mă întîlni cu cititorii mei, cu colegii mei scriitori şi intelectuali din România, dar în primul rînd cu cititorii. Şi, de asemenea, de a le auzi întrebările, de a încerca să le răspund. Îmi place foarte mult să mă întîlnesc cu cititorii mei.

Ulei pe pânză: Baruch Elron

Carol Feldman

Gânduri răzlețe

Credința în OM

Ca cititor pasionat, ca om iubitor de frumos, pentru care literatura este o parte prețioasă a vieții, de la prima carte citită de mine a lui Amos Oz, "Mihael șeli" (Mihael al meu), pe care am lecturat-o cu greu fiind la începutul drumului încă neterminat al învățării ivritului, am simțit măreția autorului ei; scriitorul devenit cel mai mare reprezentant al literaturii ebraice moderne și unul din cei mai însemnați și și apreciați ai literaturii contemporane de pe întregul mapamond.

Amos Oz, care recent ne-a părăsit, a fost nu "numai" un mare scriitor ci și un mare OM. Talentul lui strălucitor, împreună cu umanitarismul lui de excepție, l-au făcut să fie un reprezentant de frunte al părții conștiente a poporului nostru, clar și adânc implicat în realitate. Adevărat patriot, iubitor al patriei și al națiunii cărora le aparține. Umanist cu rădăcini vii în dragostea de om, de orice apartenență.

Amos Oz a fost un adevărat credincios. Nu un religios tradițional, deși cu o deosebită cunoaștere a Torei, a gândirii poporului lui Israel, în diversele ei forme de exprimare. Credința lui "fanatică" a fost credința în OM. În integritatea ființei umane. Pricepându-se cu mare viziune psihologică să-l analizeze. Cu toată diversitatea între oameni, Amos Oz a știut că Omul este valoarea supremă a existenței; descriindu-i, cu deosebită cunoaștere, în mai toate ipostazele existenței lui, într-o bogată galerie de trăitori, trăsăturile de caracter specifice – pozitive sau negative, mai ales a celor ce aparțin neamului nostru. Scriitorul având – în procesul de creație – cutezanța filozofic-analitică a artistului și gânditorului, până la transmiterea unor mesaje chiar cu caracter mesianic (se înțelege – în viziunea sa).

Integritatea și justețea concepțiilor sale politice și-au dovedit adevărul realității mai ales după Războiul de șase zile, când scriitorul-gânditor analitic ne-a prevenit de pericolul ce ne așteaptă devenind din popor constructor, popor stapânitor; cu auto-supraestimări și cu subaprecierea celui supus. Trăim de peste jumătate de secol realitatea previziunilor lui Amos Oz.

Personajele create de Oz în romanele și povestirile sale sunt oameni adevărați. Adevărați prin aspectul lor exterior, dar mai ales prin cel al rațiunii. Se înțelege – ultimul fiind cel mai grăitor…

Deși – din păcate – nu am citit tot ce a scris marele scriitor, încântat după lecturarea cărților citite, precum și după cunoașterea ceva mai mult decât în general a gândirii sale, cu care, aproape integral mă identific, Amos Oz m-a făcut să simt pentru el o atracție întradevăr magnetică; ajungând până la simțiri rațional-emotive ca în fața unui mentor spiritual. Puterea lui de exprimare, înzestrată cu farmec și "hohma", e ceva rar întâlnit! A fost un mare OM, înzestrat cu înțelepciunea și învățătura poporului lui Israel, căptuşite de mult şarm personal. L-am ascultat, fermecându-mă, şi la câteva prelegeri de neuitat.

După cum ştim, popularitatea lui a fost imensă, fiind îndrăgit în toată lumea. Tradus în zeci de limbi. În România, de pildă, unde e foarte cunoscut, multe din cărțile sale fiind traduse acolo, şi unde (şi acolo) a fost distins cu premii de prestigiu, am avut ocazia să aud de la nu puțini intelectuali, cuvinte de mare prețuire pentru strălucitul nostru scriitor. Eu am citit la Bucureşti, în cadrul unei manifestări literar-artistice, un fragment tradus de mine în româneşte din "Poveste despre dragoste şi întuneric"; alegerea mea fiind în contextul comentării noțiunii de existență. Am ales în acest scop un fragment reprezentativ, care exprima părerile interesante ale nefericitei mame a autorului.

Iată că, inevitabilul morții, de care Amos Oz avea... "o frică de moarte" – cum s-a exprimat el, nu l-a ocolit nici pe el.

Cu toate că în ivrit se spune "halah le olamo" (S-a dus în lumea sa), cred că lumea lui Amos Oz este aici, nu "acolo". Lăsând aici o moştenire literară şi de gândire, de o valoare inestimabilă pentru lumea despre care el, cunoscând-o atât de bine, a scris atât de adevărat. În ciuda milioanelor care l-au prețuit, au fost și unii care nu l-au înțeles... Păcat!

După cum nici Academia de la Stockholm nu i-a acordat premiul Nobel atât de meritat. Am convingerea (exprimată și de alții la înmormântarea lui) că dacă i s-ar fi acordat această înalta distincție, pe care o merită cu prisosință, acest lucru ar fi însemnat o înnobilare a premiilor Nobel!

Personal trăiesc durerea pierderii acestui mare OM, pe care-l simt apropiat ca o rudă!

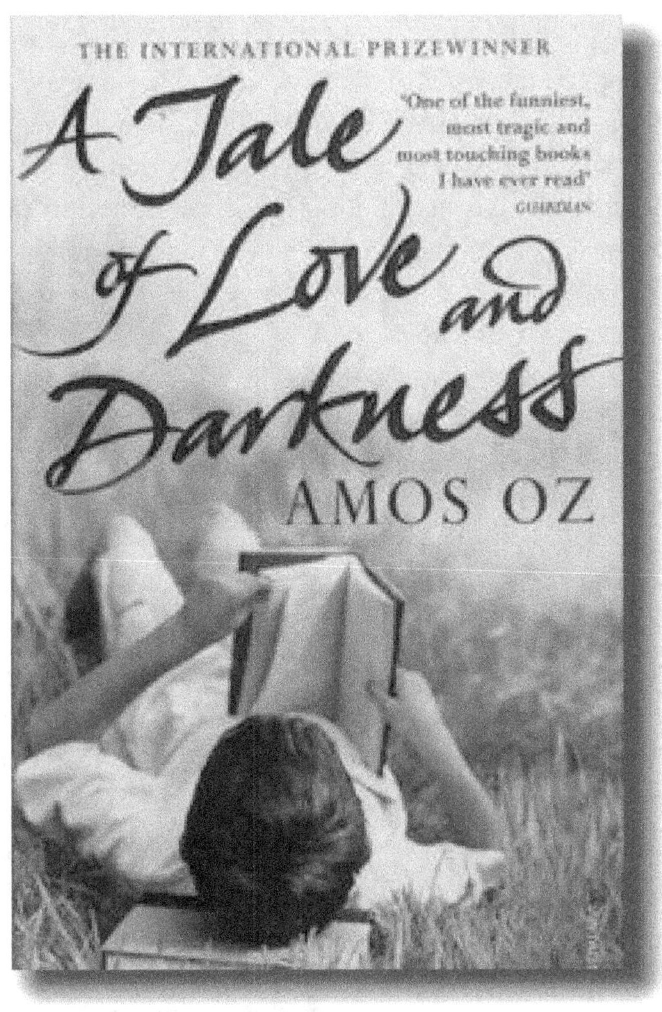

Paul Leibovici

Abundența subiectelor abordate de Amos Oz în cele peste 45 de volume pe care le-a oferit cititorilor timp de 60 de ani ,le-am putea rezuma într-o singură propoziție: viața poporului evreu de-a lungul existenței sale. Situațiile, personajele sunt o evoluție firească a istoriei, locurile desfășurării acțiunilor sunt acelea atît străbătute de înaintași cît și cele pe care El scriitorul le-a străbătut, s-a oprit, statornicit pentru o anumită perioadă și astfel împreună cu băștinașii lor - a căror trăsături adînci sculptate după chipurile ,obiceiurile împămîntenite și a relațiilor create în mod natural cu vecinii, le-a transformat în povestiri vii, autentice.

OZ,tînărul care și-a început viața într-un mediu pur evreesc, am zice chiar galutian are darul și harul de a prezenta scene bine construite prin care cititorii - un fel de spectatori, au prilejul să fie martori a relațiilor atît familiare cît și a uliței, kibuțului în care a deschis ochii. Nimic nu ni se pare exagerat plănuit atît în primele sale povestiri cît și în volumele în care întrezărim evoluția firească a unora din persoanajele doar punctate la începutul carierei sale, dar care odată cu trecerea vremii, aria se lărgește, locurile, firește se schimbă, dar ele poartă peceta timpului respectiv.Temeiele judecății ,a conceptului rămîn proprii, originale autorului. Izvorul din care soarbe cu nesaț, este Istoria vie, concretă a poporului evreu, în diferitele sale faze evolutive: începînd cu Biblia, traversînd prin locurile împrăștierei și apoi a stabilirii pe pămîntul împlinirii sale în care nu e singur și de aceea doar înțelepciunea poate rezolva problema conviețuirii: NOI și Ei. Evreii vorbesc mult, citează mult și dezbat mult dintoteauna a fost astfel... Umorul, care trebuie luat în considerație, este rezultatul descifrării cuvîntului de către evrei. Limba folosită de Oz, razele sale - care uneori le recitim pentru a le descifra înțelesul propriu sunt o preluare a scrierilor antice, prelucrate și adaptate la noua societate - societatea modernă, așa cum e în viziunea lui OZ. Pentru Amos OZ, copilăria e rădăcina primelor scrieri. Volumele ni se pare o selecție de situații concrete, așternute în paginile numeroaselor cărți a căror valoare constă atît în modul desfășurării vieții, societății într-un stil, o limbă subordonată , stilizată dar fără a fi pretențioasă. Ar trebui să adaog, în acest moment: prima sa carte Amos OZ, la vîrsta de 24 de ani, i-a înmînat-o lui Agnon, de la care a primit „binecuvântarea drumului literar„.Prin această lucrare literară a începutului, AMOS OZ face primii pași. Citind-o, lectorul înțelege „lumea nu e doar „alb și negru„ ci șuvițele se împletesc, despletesc de-a lungul vieții. Scriitorul e conștient încă din tinerețe că trăiește pe pămîntul străbun-în vecinătatea unor pămînteni denumiți „palestinieni„. Înțelepciunea noastră și nu mai puțin a vecinilor palestenieni e necesar să se rezume „de a fi conștienți –„la o nevoie ,vecinii sunt primii care sar în ajutor „ Dacă sfaturile și imboldurile lui Agnon l-au îndemnat să-și continue cariera de scriitor, tot acesta i-a fost una din călăuzele înțelegerii vieții pe pămînturile străbune, unde vecinii, de-a lungul vremii au rămas aceeași. Amos Oz, care a trăit printre fanatici, a învățat că sentimentul superiorității e granița peste care trebuie să răzbească.

Amos Oz a încercat nu numai să învețe din înțelepciunea scrierilor sfiinte dar să le interprteze, să le dea culorile contemporane.Viața nu e zugrăvită în ALB-Negru! Poligrafia e un larg și nesfîrșit lanț de culori, nuanțe. De aceea personajele sale caută cu înfrigurare detalii, nuanțe, frînturi aparent banale din trecut, tocmai pentru a se încadra perfect în prezent.

Aceste linii caracteristice lui Amos Oz le-am descifrat în operele sale precum SOȚUL MEU, CUTIA NEAGRĂ, MICHAEL și altele. De pildă , concretizînd volumul „Să cunoști o femeie,, ajungem la concluzia „personajele sunt angajate într-un mecanism cu momente vii, alături de amintiri care au rolul de a purta lectorul pe valurile vieții și a-i da posibilitatea de a reflecta privindu-se în oglinda paginilor. Desigur afirmația sa „ Să bei din viață ca dintr-un alcool de calitate, cu înghițituri mici și concentrate,, e una din însușirile care lectorului îi rămîn adînc întipărite. O altă temă pe care Amos Oz o dezvoltă e cea a „prieteniei,,

Așa dar volumul intitulat „Între prieteni,, nu mi-a permis o lectură continuă, căci sensurile desprinse din pagini,opresc lectorul din cînd în cînd. Adesea înainte de a întoarce pagina gîndul zboară spre o recitire a unui capitol sau altul. Individul, oricît ar vrea să se însingureze, nu poate, nu i se permite. Lumea creată de scriitorul-gînditor se impune de a fi înțeleasă de noi, lectorii săi. Stilul acestui volum, se deosebește de cel cu care mă obișnuisem. Kibuțul -nu e o colectivitate omogenă,chiar dacă nouă, la prima vizită ni se pare „o apă și un pămînt,,. Aici în această societate „comună„ descoperim o lume antagonistă, a căror concepţii, interese ,culori …au o gamă largă.

Mărturisesc lectorilor de avantajul unei lecturi neordonate. Cărţile lui Amos Oz nu trebuie lectorate în ordinea apariţiei. Fiecare din cele peste 40 de volume – fiecare în felul ei – tratează subiectul propus, nu tocmai după epoca desfăşurării ci după ce la îndemnat pe autor să scrie, să ne propună ca o temă de preferinţă.

Numitorul comun al operelor lui Amos Oz este privirea clară, lucidă, perspectiva către marea „omenie„. Nimic limitat, îngust. Societatea omenească e necesar să o privim, să o judecăm din unghiuri nenumărate,dar noi lectorii să ne îndreptăm gîndurile, conştiinţa, limbajul în aşa o măsură încît să putem fi înţeleşi şi mai întîi să ne înţelegem pe noi înşine.

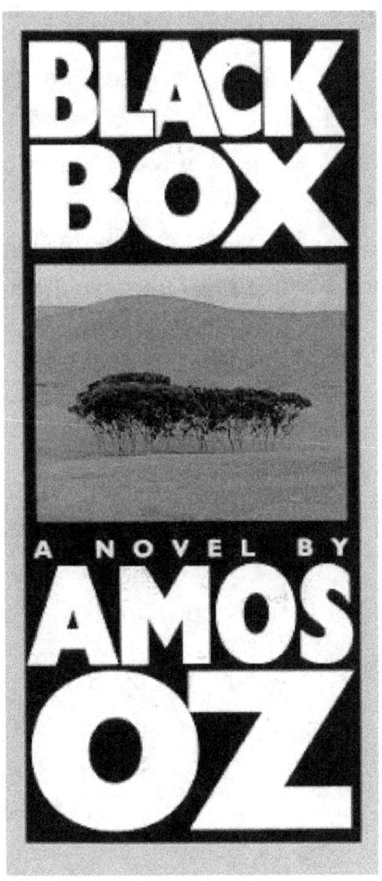

Andrei Crăciun * Scrisoare către Amos - Ziarul Metropolis

Scumpe domnule Oz, vestea că ați trecut ultima graniță m-a luat pe nepregătite. Nu vă știam bolnav incurabil, starea sănătății dumneavoastră îmi era necunoscută, și, mai ales, vă credeam etern. Nu v-am bănuit niciodată bătrân, fragil și trecător. Nu am știut ce să fac în fața acestei vești, așa că v-am deschis o carte. În biblioteca personală sunteți pe raftul cel mai înalt, dincolo de Cehov, lângă Gogol.

Întâmplător, cartea aceea era Între prieteni. A fost o întâmplare miraculoasă, fiindcă recitindu-vă am înțeles, în sfârșit, că în cartea aceasta ați avut puterea extraordinară a conciziei. Nimic din ce se poate cunoaște despre natura umană nu vă e străin în aceste povestiri care dau împreună unul dintre cele mai frumoase romane despre frumusețea și greutatea de a fi om. Sigur, scriați așa de bine pentru că scriați adevărul apropiat, la care ați fost dintotdeauna atât de atent.

Domnule Oz, cartea aceasta nu este despre viața, trecătoare și ea, a kibbutzurilor, despre regulile necesare și dure și absurde care au condus-o și o mai conduc încă, chiar și acum, tot mai aproape de sfârșit.

Domnule Oz, a doua întâmplare face să fi plecat cu cartea dumneavoastră pentru trecerea dintre ani tocmai la Amman, în Iordania. Am trecut prin satele arabilor și m-am simțit ca acel tânăr privind Deir Ajloun-ul. V-am citit în cafenele, învăluit în fumul narghilelor și m-am gândit din nou că în lupta dintre evrei și arabi singura încheiere omenească este pacea. Nu există învingători aici, pierd întotdeauna oamenii nevinovați. Fanaticii nu s-au lecuit și nici nu se vor lecui curând, vedeți bine din ceruri, precum şi de pe pământ, că pacea este o stare de excepţie, de graţie, prea rară, în destinul oamenilor.

Domnule Oz, v-am citit Între prieteni și m-am simțit frate cu Tzvi Provizor, cel care nu suporta să fie atins și le dădea tuturor veştile proaste de pe întreg mapamondul. Incendii și inundații și cancerul la ficat al regelui Norvegiei – totul trebuie aflat și totul trebuie suferit, frate am fost și cu Moshe Yashar, băiatul de șaisprezece ani, cel slab, trist, cu ochii ascunşi în spatele ochelarilor, vizitându-și tatăl muribund, găsind totuși în el și puterea pentru prima lecție de esperanto. Citeam despre tatăl lui Moshe Yashar și mă gândeam că moartea nu e decât rareori cea mai rea dintre posibilități și că viața încă nu m-a convins că merită trăită. Am rămas sceptic în ciuda tandreței cu care ne amăgiți că într-o viață de om ar putea să apară totuși Nina Sirota. Frate am fost și cu Martin Wandenberg murind, frate cu acel electrician căruia îi fuge fiica de acasă cu un profesor mai degrabă bătrân și cu siguranță afemeiat.

Dar cel mai mult m-am simțit frate cu măscăriciul Roni Shindlin și cu fiul său, Yuval-Pișoarcă, frate am fost cu acest tată care traversează noaptea pentru a snopi un copil în bătaie, un copil ales la întâmplare, nici măcar dintre cei care îl snopeau noaptea în bătaie pe fiul său și îi decapitau rața de jucărie. Copiii! Aceşti oameni cruzi dintru început, ca un semn pentru totdeauna că purtăm cu noi, pentru totdeauna, ceva rău.

Domnule Oz, îmi e foarte dor de dumneavoastră, adorm gândindu-mă la un sicriu acoperit de un nor mic de praf și la lopețile cu care s-a săpat o groapă înspre inima adâncului și știu că nimic în plus nu se poate spune despre femei și bărbați, mame, copii și tați și unchi, nimic altceva decât cuvintele din Între prieteni, și mai știu și greutatea singurătății dintr-un univers cu atâtea ziduri și mai știu și că omul trebuie iubit chiar și așa, după chipul și asemănarea lui Dumnezeu. Adorm.

Adorm gândindu-mă cât de obosit trebuie să fie și Dumnezeu.

*** Andrei Craciun**

A fost desemnat "Talentul Anului" (2005), "Cel mai bun tânăr jurnalist de cultură" (2010), "Cel mai bun editorialist din România" (2011) şi "Cel mai bun reporter din România" (2012). Îl puteţi citi şi pe site-ul personal andreicraciun.eu

„Pantera din Subterane“

„...Citind romanul devenim nişte sclavi ai fiecărei pagini, ai acestei ciudate pantere care bîntuie subteranele propriei sale lumi interioare."
Tom Adair, Scotland on Sunday

„Un roman scris de un autor israelian din ce în ce mai aplaudat de lumea întreagă... Un alt triumf, o altă dovadă că Amos Oz va fi din ce în ce mai îndreptăţit să primească Premiul Nobel pentru literatură..." Kirkus Reviews

„Este o carte cu o istorie simplă, în acelaşi timp gravă şi amuzantă, povestită cu un accent de seriozitate şi cu o cunoaştere perfectă a parado-xurilor şi a ironiilor vieţii ."
Publishers Weekly

**

Cartea ne prezinta un oraş zguduit de conflicte, Ierusalimul anului 1947, în Palestina aflată la finalul mandatului britanic. Un băiat de doisprezece ani, cu o imaginaţie fără limite şi o inteligenţă sclipitoare, doi părinţi anxioşi, măcinaţi de temeri, unici supravieţuitori ai familiilor lor ucise în lagărele de concentrare din Europa, şi un soldat englez captiv într-un conflict pe care-l dezaprobă. Amos Oz adună toate aceste elemente şi le plasează într-un context istoric complex, reuşind să creeze o poveste captivantă, scrisă cu mult umor şi o sinceritate fascinantă.

„E o chestiune tristă şi obscură. În Polonia, de exemplu, ne urau deoarece eram diferiţi, deoarece eram ciudaţi, vorbeam, ne imbrăcam şi mâncam altfel decât cei din jurul nostru. Câteva mile mai incolo, însă, peste graniţă, în Germania, ne urau din motive total opuse: în Germania vorbeam, mâncam, ne îmbrăcam şi ne purtam exact ca toţi ceilalţi. Aşa că antisemiţii au spus: „Ia uite-i cum se bagă pe sub pielea noastră, da, într-adevăr, nici nu-ţi poţi da seama care este evreu şi care nu este”. Asta este soarta noastră: motivele de ură se schimbă, dar ura în sine continuă la nesfârşit. Şi care-i concluzia?" „Că ar trebui să încercăm să nu urâm", spuse mama. Dar Tata, ai cărui ochi albaştri clipeau des în spatele ochelarilor, a spus: „Nu avem voie să fim slabi. A fi slab este un păcat."

**

Aici, în Ierusalim loturile de pământ părăsite erau arse de soarele verii, iar clădirile erau făcute din piatră şi tablă ondulată şi soarele pârjolea totul, ca şi cum războiul ar fi început deja. Lumina orbitoare ne tortura de dimineaţa pân ă seara.

Din când în când cineva mai spunea: „Ce-o să se întâmple oare?", iar altcineva răspundea: „Trebuie să sperăm la cea ce este mai bun", sau „Nu avem decât să mergem mai departe". Mama stătea uneori aplecată asupra unor fotografii şi suveniruri, cam cinci sau zece minute, şi

ştiam că trebuia să mă prefac că nu văd. Părinţii şi sora ei Tanya fuseseră ucişi de Hitler în Ucraina, laolaltă cu toţi evreii care
nu apucaseră să ajungă aici la timp. Tata a spus o dată: „E de neînţeles. Pur şi simplu de necrezut. Şi toată lumea a tăcut." Şi el îşi plângea uneori părinţii şi surorile, dar fără lacrimi: stătea cam o jumătate de oră, afişând o figură acră, rigidă, de om care are întotdcauna dreptate, şi se uita cu atenţic la hărţile prinse pe perete pe culoar. Ca un general în carticrul său general: privind fix fără să spună nimic. Părerca lui era că trebuia să alungăm ocupanţii britanici şi să punem bazele unui stat evreiesc aici, în care toţi evreii persecutaţi din toată lumea să poată veni. Spunea: „Trebuie să se ofere, în mod evident, un model de justiţie în faţa lumii, chiar şi arabilor, dacă ei aleg să trăiască printre noi. Da, în ciuda a tot ce ne fac ei nouă, din cauza oamenilor care-i instigă, noi îi vom trata cu o generozitate exemplară, dar, cu siguranţă, nu din motive de slăbiciune. După ce statul evreiesc va fi în cele din urmă definit, nici un ticălos din lumea asta nu va mai îndrăzni să ucidă sau să umilească evreii. Şi dacă o va face, îl vom nimici.

**

„Dar dacă vin germanii şi ne imploră să-i iertăm?" „Asta e greu" a spus mama „Asta va dura mult. Probabil va lua mulţi ani. Poate tu o să trăieşti asta. Eu nu." Tata se gândea adânc. În cele din urmă, m-a atins pe umăr şi mi-a spus: „Atât timp cât noi, evreii, suntem puţini şi slabi, englezii şi tot păgânii vor continua să ne cotropească până în ţinuturile arabe. Când vom fi puternici, când vom fi

mulţi şi ne vom putea apăra, într-adevăr, este posibil ca ei să vină să ne vorbească mieros. Englezi, germani, ruşi, întreaga lume va veni şi ne va cânta screnade. În acea zi îi vom primi cu politeţe. Nu le vom respinge mâinile întinse, dar nici nu-i vom îmbrăţişa ca pe nişte fraţi de mult pierduţi. Din contră. Vom respecta şi vom suspecta. Apropo, ar fi de preferat să ne aliem, nu cu naţiunile europene, ci cu vecinii noştri arabi. Până la urmă, musulmanii sunt singura noastră legătură de sânge. Desigur că toate acestea sunt departe, probabil chiar foarte departe. Îţi aduci aminte de războiul troian? Despre care am citit împreună iarna trecută? De bine-cunoscuta zicală: „Fereşte-te de greci când îţi aduc daruri"? Ei, bine, înlocuieşte-i pe greci cu englezii. Cât despre germani, atâta timp cât ei înşişi nu-şi acordă iertarea, este posibil ca într-o bună zi să îi iertăm. Dar dacă ei inşişi se vor
ierta, noi nu o să-i iertăm niciodată."
Nu am renunţat:

„Dar în cele din urmă ne vom ierta duşmanii sau nu?"
(Aveam o imagine în cap în acel moment, o imagine precis plină de detalii: mama şi tata şi sergentul Dunlop stând împreună în această cameră, într-o sâmbătă dimineaţa. Bând ceai şi discutând în ebraică despre Biblie şi despre siturile arheologice din Ierusalim, comentând în latină sau în greaca clasică despre grecii care aduceau daruri).

* Text oferit de d-na Rona Turcanu

ROMANUL SECOLULUI
XX
AMOS OZ
Pantera din subterane
UNIVERS

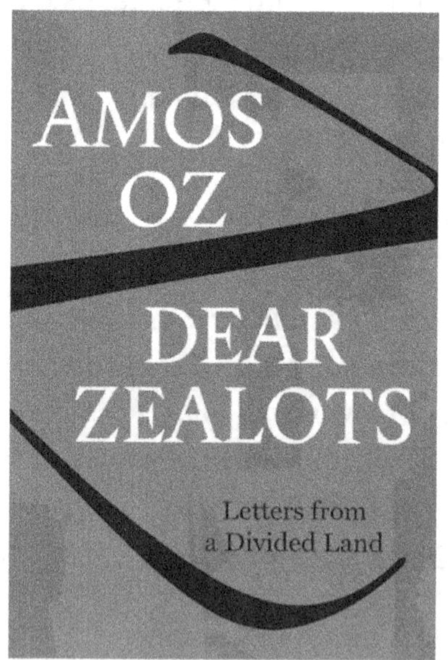
AMOS
OZ
DEAR
ZEALOTS
Letters from
a Divided Land

Amos Oz – Iuda

Nu este uşor să traduci un scriitor de complexitatea lui Amos Oz din ebraică în română, două limbi foarte diferite ca origine, structură, evoluţie istorică şi contexte culturale. Dificultăţile întâmpinate de Marlena Braester în traducerea lui 'Iuda' apărută în 2016 în colecţia (excepţională) 'Raftul Denisei' la Humanitas Fiction încep de la titlu. Traducerea literală a titlului ultimului roman al lui Amos Oz ar fi 'Evanghelia după Iuda'. Marlena Braester a ales să pună pe coperta cărţii doar 'Iuda' ceea ce deschide discuţia din mai multe puncte de vedere. Ce a câştigat traducerea omiţând caracterul de 'Evanghelie' pe care l-a dorit autorul, cu conţinutul bogat de reflectare şi comentariu al evenimentelor din jurul morţii lui Iisus pe care îl conţine această noţiune? Problema este însă şi mai complexă, căci personajul biblic Iuda are o conotaţie extrem de diferită în interpretările evreieşti şi cele creştine ale dramei care s-a petrecut pe colinele Galileei şi ale Ierusalimului în anul 30 sau 33 (nu există unanimitate în estimările asupra datei exacte). Iuda este perceput de lumea creştină ca un simbol al trădării mercantile şi al refuzului evreilor de al recunoaşte pe Iisus ca Mântuitor. Istoricii şi comentatorii biblici evrei ignoră aproape complet personajul. Amos Oz propune în cartea sa nici mai mult nici mai puţin decât o reabilitare istorică a lui Iuda, şi pornind de aici propune o discuţie filozofică şi politică a noţiunii de trădare, a motivaţiei celor acuzaţi de 'trădare', şi a percepţiei ca 'trădători' a celor care gândesc altfel decât majoritatea la un moment dat în istorie.

'Evreii nu au vorbit aproape niciodată despre Iuda. Nicăieri. Nici când au luat în derâdere crucificarea şi apoi învierea care a avut loc, conform Evangheliilor, după trei zile. Evreii din toate timpurile, inclusiv cei care au scris polemici împotriva creştinismului, s-au temut să se atingă de Iuda.' (pag. 184)

Prin intermediul unuia dintre personajele centrale ale cărţii, studentul Shmuel Asch, a cărui dizertaţie întreruptă era dedicată imaginii lui Iisus şi Iuda în textele evreieşti, cititorii cărţii lui Oz primesc o perspectivă complet diferită de cea tradiţională creştină asupra lui Iuda:

'... sunt convins că Iuda Iscariotul a fost cel mai fidel şi mai credincios dintre toţi discipolii lui şi că nu l-a trădat niciodată, ci dimpotrivă, a vrut să arate întregii lumi măreţia sa.' (pag. 113)

'Iuda Iscariotul e întemeietorul religiei creştine. Era un om înstărit din Iudeea, spre deosebire de majoritatea ucenicilor, care erau pescari sau simpli lucrători ai pământului, din îndepărtatele sate ale Galileii. Preoţii din Ierusalim auziseră zvonuri ciudate despre un excentric din Galileea, care făcea minuni atrăgându-şi simpatizanţi prin satele şi oraşele uitate de Dumnezeu pe malurile

Tiberiadei, folosindu-se de tot felul de farmece, unul dintre zecile de falşi profeţi făcători de minuni, majoritatea lor şarlatani sau nebuni, sau şi şarlatani şi nebuni în acelaşi timp. Numai că galileeanul acesta atrăgea după sine ceva mai mulţi credincioşi decât alţii, şi faima lui creştea neîncetat. Drept care preoţimea din Ierusalim a hotărât să-l desemneze pe Iuda Iscariotul, om înstărit, educat, realist, cunoscător al Torei scrise şi al celei orale, apropriat al fariseilor şi al preoţilor, şi să-l trimită pe lângă grupul de credincioşi care-l urmau pe tânărul gaileean din sat în sat, să se deghizeze într-unul dintre ei şi să informeze preoţimea din Ierusalim cine era omul acela ciudat şi dacă prezenţa într-adevăr vreun pericol deosebit. ... Dar iată că în acest punct are loc o schimbare surprinzătoare în firul poveştii. Trimisul preoţimii din Ierusalim cu scopul de a-l spiona pe galileean şi pe ucenicii lui şi de a le da în vileag faptele, a devenit un credincios înflăcărat. ... Iuda Iscariotul a devenit Iuda creştinul. Cel mai înflăcărat dintre discipoli. ... '(pag. 143-145)

În viziunea lui Oz şi a personajului său Shmuel Asch, Iuda a devenit nu numai cel mai înflăcărat discipol şi primul creştin convins, ci a fost cel care l-a convins pe Iisus să plece în Ierusalim şi să înfrunte capurile preoţimii corupte.

'Isus trebuia să părăsească Galileea şi să plece la Ierusalim. Trebuia să o cucerească pe regină la ea acasă. Trebuia să facă la Ierusalim, în faţa întregului popor şi în faţa întregii lumi, o minune cum nu se mai văzuse de când

a creat Dumnezeu cerul şi pământul. ... Isus, care transformase apa în vin, şi alungase spiritele rele, şi vindecase bolnavi prin simplă atingere a mâinii şi a hainelor lor, trebuia să fie crucificat în faţa întregului Ierusalim. Şi tot în faţa întregului Ierusalim urma să coboare viu de pe cruce şi să apară nevătămat la picioarele acesteia. ' (pag. 145)

Aici se întâmplă momentul de despărţire a intenţiilor divine şi a înţelegerii profane a lui Iuda de viziunea creştină. Dumnezeu are alte planuri cu Iisus şi îl lasă să moară pe cruce, pentru a-l aduce înapoi ca o parte din Divinitate. Unul dintre capitolele finale memorabile ale cărţii prezintă moartea lui Iisus şi ceea ce a urmat din perspectiva lui Iuda. Mărturia sa este plină de remuşcare, dar nu este vorba despre remuşcarea pentru o presupusă vânzare mercantilă aşa cum este descrierea din celelalte Evanghelii. În Evanghelia după Iuda păcatul este cel de a fi crezut prea mult în puterile divinităţii, şi de a nu fi înţeles nici planurile acesteia, şi nici intenţiile lui Iisus ca om:

'Eu am bătut fiecare cui în carnea lui. Eu am făcut să curgă fiecare picătură din sângele lui pur. El ştiuse de la început până unde merge puterea lui, dar eu n-am ştiut. Eu am crezut în el mai mult decât a crezut el însuşi. Eu l-am împins să promită un nou cer şi un nou pământ. O împărăţie care nu e din lumea asta. Să promită mântuirea. Când, de fapt, el nu voia decât să continue să meargă pe pământ, să vindece bolnavi, să-i sature pe flămânzi şi să

semene în inimi seminţele iubirii şi ale milei. Nimic mai mult.' (pag. 260)

Fără a fi subiectul principal al cărţii, legătură dintre evrei şi creştinism îşi găseşte locul în carte în câteva pasaje bine punctuate. Preocuparea pentru persoană istorică a lui Iisus nu este o îndeletnicire prea agreată în lumea evreiască. Însuşi tatăl eroului principal îi atrage atenţia într-o scrisoare:

'În oraşul în care m-am născut, Riga, aveam obiceiul să ne întoarcem privirile în altă parte de fiecare dată când treceam pe lângă imaginea crucificatului. Mi-ai scris cândva că, din punctul tău de vedere, Isus a fost carne din carnea noastră. Mi-e greu să accept asta: câte dezbinări, câte persecuţii, câtă suferinţă, cât sânge nevinovat au vărsat cei ce ne urăsc în numele acestui om! Iar tu, Shmuel, traversezi dintr-o dată limitele şi te situezi, nu ştiu de ce, tocmai de partea cealaltă! Tocmai de partea acelui om.' (pag. 97-98)

Din perspectiva altuia dintre eroi:

' ... cearta dintre noi şi arabii musulmani nu este decât un mic episod, scurt şi trecător, din lungul drum al istoriei. Peste cincizeci, sau o sută, sau două sute de ani nu va mai rămâne nici urmă din el, pe când ceea ce se întâmplă între noi şi creştini e ceva profund şi obscur, şi va dura încă o sută de generaţii. Cât timp fiecare copilaş e învăţat de la sânul mamei că încă trăiesc în lumea asta creaturi care sunt ucigaşii lui Dumnezeu, sau urmaşii ucigaşilor lui Dumnezeu, nu vom avea linişte.' (pag. 244)

Ca şi în alte cărţi parabolă ('Maestrul şi Margareta' a lui Bulgakov este prima care îmi vine în minte) şi în 'Iuda' lui Amos Oz povestea biblică este relatată alternativ şi într-un spaţiu paralel cu o istorie contemporană. În aparenţă este vorba în aceasta despre un fel de triunghi de personaje, dar este departe de a fi vorba despre un 'triunghi amoros' clasic. În Ierusalimul iernii anului 1959 fostul student

Shmuel Asch aflat într-o profundă criză personală (iubita îl părăsise şi se măritase cu un bărbat care 'îi ghicea visurile' şi le transforma în cadouri) şi materială (este nevoit să-şi întrerupă studiile deoarece tatăl sau, cartograf în Haifa, pierde procesul cu fostul sau partener de afaceri şi nu îl mai poate susţine) se angajează că îngrijitor şi partener de discuţii al bătrânului infirm Gershom Wald, şi se mută în casa în care locuieşte acesta împreună cu Atalia Abarbanel, o femeie cu aproape două decenii mai în vârstă, dar nu lipsită de frumuseţe şi farmec feminin în ochii lui Asch. Povestea avansează cu o tehnică aproape detectivistică, aflăm şi noi şi eroul cărţii că Atalia este nora lui Wald, văduva unicului său fiu ucis în împrejurări atroce în Războiul de Independenţa al Israelului. Tatăl Ataliei este însă personajul cel mai important, cel al cărui absenţă domină casă şi întreaga viaţă a celor care l-au cunoscut dar şi a celor care mai vor să afle despre el. Shaltiel Abarbanel apare pentru prima dată descris în aceste cuvinte de către Wald:

'Shaltiel Abarbanel, tatăl Ataliei, a încercat în zadar să-l convingă pe Ben Gurion în '48 că e încă posibil să se ajungă la o înţelegere cu arabii în privinţa alungării britanicilor şi a fondării unei comunităţi unice a arabilor şi evreilor, cu condiţia să se renunţe la ideea unui stat evreiesc. Hm. Din cauza această a fost înlăturat din Comitetul Executiv Sionist şi de la conducerea Sohnutului, care era de fapt guvernul neoficial la sfârşitul Mandatului Britanic.' (pag. 100)

Încercările lui Asch de a clarifica persoana şi ideile lui Abarbanel se izbesc de un zid de tăcere, uneori oficială (arhivele statului evreu păreau să fi făcut dispărute toate luările sale de poziţie neconforme cu linia istorică şi politică oficială) alteori personală (Atalia în principal, dar şi Ghershom Wald îngropaseră în uitare omul şi ideile celui care se opusese conflictului şi războiului în care aceştia îşi pierduseră soţul şi respectiv, fiul unic). Descifrate cu greu, fragmentele de mozaic puse unul lângă celălalt par a desena portretul unui idealist, un arhetip al pacifistului etern:

'Shaltiel repeta mereu că războiul acela nu era decât nebunia lui Ben Gurion şi nebunia întregului popor. De fapt, nebunia a două popoare. După părerea lui, tinerii din ambele tabere trebuiau să arunce armele şi să refuze lupta. Shaltiel mergea, cel puţin de de două ori pe săptămâna, să le vorbească prietenilor lui arabi de la suflet la suflet. Nici măcar după ce începuse vărsarea de sânge, în toamna anului 1947, cu bariere şi lunetişti, nu renunţă să meargă la prietenii lui. Vecinii îl numeau iubitor de arabi. Îl porecliseră Muezinul. Îi spuneau Hagi Amin. Unii îl numiseră trădător, pentru că îndreptăţea într-o anumită măsură împotrivirea arabilor la sionism şi pentru că se încârdoşa cu ei. Şi cu toate astea se încăpăţâna întotdeauna să se declare sionist, şi chiar susţinea că face parte din micul grup de sionişti adevăraţi, care nu se lăsau îmbătaţi de naţionalism. Se considera ultimul discipol al lui Ehad Haam. Cunoştea limba arabă din copilărie şi îi plăcea mult să-şi petreacă timpul înconjurat de arabi, în

cafenelele din oraşul vechi, şi să discute cu ei ore întregi. Avea prieteni de suflet şi printre arabii musulmani, şi printre arabii creştini. Ne arăta un altfel de drum. Propunea altceva.' (pag. 171)

'Mai bine să nu înfiinţăm aici nici stat arab, şi nici stat evreu, susţinea el: haideţi să trăim aici unii lângă alţii, şi unii împreună cu alţii, evrei şi arabi, creştini şi musulmani, druzi şi cerchezi, greci şi catolici şi armeni, mai multe comunităţi vecine grupate împreună, pe care nici o barieră să nu le separe. Poate că încet, încet se va stinge teama arabilor faţă de ce li se pare a fi uneltirea ambiţioasă a sionistilor de a converti toată ţara la iudaism. În şcolile noastre, elevii vor învaţă arabă, şi în şcolile lor, copiii vor învaţă ebraică. Sau, şi mai bine, spunea, hai să dezvoltăm împreună şcoli pentru toţi. ... În fond, aceste două popoare au atâtea lucruri în comun: evreii şi arabii, sub forme diferite, au fost de-a lungul istoriei victimele Europei creştine. Arabii au fost umiliţi de către puterile coloniale, suferind abuzurile opresiunii şi exploatării, pe când evreii au suferit, generaţie după generaţie, umilinţe, ostracizare, persecuţii, expulzări, masacre, iar în cele din urmă un Holocaust cum nu s-a mai văzut în lume. Două victime ale Europei creştine, spunea Shaltiel, oare nu au o baza istorică profundă pentru dezvoltarea unei relaţii de simpatie şi înţelegere reciprocă?' (pag. 216-217)

Nu sunt sigur în ce măsură cititorul care nu este foarte familiar cu istoria şi prezentul conflictului dintre evrei şi arabi în Palestina apreciază cât de radicale sunt poziţiile lui

Shaltiel Abarbanel. În ziua de astăzi ele ar fi etichetate drept post-sioniste, dar Amos Oz, punându-le în seama unui militant sonist autentic în momentul istoric al formării statului Israel, arată că asemenea poziţii îşi au originea în însăşi adâncurile istoriei sioniste. Cuvintele lui Shlatiel, redate peste ani de Wald, par a avea o forţă premonitorie:

'Odată sau de două ori a rupt tăcerea ca să-mi spună că întemeietorii sionismului s-au folosit în mod intenţionat de energiile religioase şi mesianice din inimile evreilor, din generaţie în generaţie, servindu-se de ele în folosul unei mişcări politice care era în mod fundamental laică, pragmatică şi modernă. Dar într-o zi spuse: Golemul se va trezi la un moment dat; energiile religioase şi mesianice, energiile iraţionale pe care fondatorii sionismului au încercat să le pună în slujba luptei lor laice actuale riscă să izbucnească şi să ia cu ele tot ceea ce strămoşii sionismului intentionasera să construiască aici.' (pag. 195-196)

'Dacă evreii se vor încăpăţâna, la încheierea Mandatului Britanic, să declare un stat independent al evreilor, a atenţionat Abarbanel, în aceeaşi zi va izbucni un război sângeros între ei şi toată lumea arabă, poate între ei şi toată populaţia musulmană. În acel război, a prezis Abarbanel, evreii nu vor ieşi învingători. Nici dacă se va întâmpla o minune şi vor câştiga o lupta, două, trei, patru, în cele din urmă islamul va învinge. Va fi un război care va dura generaţii, pentru că fiecare victorie a evreilor va adânci şi va dubla frică arabilor în faţă înzestrărilor

satanice ale evreilor şi a aspiraţiilor lor de cruciaţi.' (pag. 218)

Judecată lui Shaltiel Abarbanel asupra lui Ben Gurion este complet opusă celei admise atunci şi până astăzi de marea majoritate a evreilor israelieni.

Viziunea acceptată:

'*El e singurul care a observat la timp o mică fisură în istorie şi a reuşit să ne facă să trecem, la momentul potrivit, prin acea fisură.*' (pag. 99)

Viziunea lui Shaltiel:

'*Odată s-a întors tulburat, după o conversaţie între şase ochi, de o jumătate de ora, cu David Ben Gurion şi David Remez, în biroul lui Ben Gurion din clădirile Sohnutului, şi îmi spuse – îmi amintesc cum îi tremură vocea – că omul acela scund, a cărui voce seamănă uneori cu vocea unei femei isterice, a devenit un fals Mesia. Shabbatai Zvi. Jacob Frank. Şi va aduce nenorocire asupra noastră, a tuturor, evrei şi arabi, condamnând lumea întreagă la vărsare de sânge fără sfârşit. Şi mi-a mai spus apoi: Posibil că Ben Gurion va avea şansa să devină regele evreilor. Rege pentru o zi. Rege sărac. Mesia calicilor. Dar generaţiile viitoare s-ar putea să-l blesteme. I-a tras de mâna pe tovarăşii lui, care erau mai prudenţi decât el. Le-a trezit o dorinţa care le era străină. Esenţa nenorocirii omeneşti, spunea Shahtiel, nu constă în faptul că cei persecutaţi şi înrobiţi visează să se elibereze din robie. Nu. Esenţa răului e că cei înrobiţi visează de fapt, în adâncul sufletelor lor, să devină stăpânii stăpânilor lor. Persecutaţii tânjesc să fie persecutatori. Sclavii visează să fie stăpâni. Ca în cartea Esterei.'* (pag. 219).

Pentru această poziţie a sa, poate înainte de vremuri, poate după vremuri, poate în afară vremurilor istorice, Abarbanel a plătit cu excluderea din politică, izolarea personală, etichetarea de trădător. Shmuel Asch este cel care spre finalul cărţii trasează liniile principale ale personajului, un altfel de Iuda al istorie moderne:

'*... cine are curajul să se schimbe, va fi întotdeauna considerat trădător de cei care nu sunt capabili de nicio schimbare şi se tem de schimbare ca de moarte, şi nu înţeleg ideea de schimbare, pe care o urăsc.*' (pag. 241)

Deşi cartea este plină de istorie şi de politică, este departe de a fi o carte aridă. Dimpotrivă. Amos Oz avea un talent remarcabil de a povesti în mod captivant, de a crea personaje memorabile care reprezintă simboluri dar sunt şi personaje din carne şi oase, oameni cu pasiuni şi cu slăbiciuni, cu vise, dorinţe şi dezamăgiri. În timp le aflăm nu numai ideile şi amintirile, ci îi percepem în felul lor de a fi, cum arată, cum se îmbracă, ce mănâncă. Cartea poate fi dramatizată cu uşurinţă, şi cred că asta nu va întârzia să se întâmple. Cele trei personaje principale ale cărţii petrec câteva luni într-un spaţiu închis dominat de consecinţele evenimentelor care au trecut, şi de fantomele oamenilor care nu mai sunt. Şi Atalia şi Gershom vor rămâne claustraţi în acest domeniu al umbrelor, doar Shmuel va reuşi să spargă zidul amintirilor şi să se întoarcă în viaţă reală, nu înainte de a se fi consumat o poveste de dragoste fără orizont şi speranţă. Relaţia dintre Shmuel şi Atalia poate părea uşor ridicolă dacă este să o judecăm doar prin prisma unei poveşti romantice, dar îşi are locul în logica romanului. Dacă ea acaparase imaginaţia tânărului aflat la maximul puterii tinereţii, în perspectivă mai largă nu este vorba decât despre una dintre relaţiile pe care Atalia – marcată pe viaţă de evenimentele legate de pierderea soţului ei în război – le poartă cu tinerii angajaţi unul după celălalt să fie îngrijitori şi tovarăşi de conversaţie pentru Gershom.

Remarcabilă este şi descrierea Ierusalimului în iarnă anului 1959, o imagine foarte diferită de cea pe care o poate avea vizitatorul ocazional de astăzi, dar chiar şi localnicii care nu au cunoscut acea perioadă. Acţiunea romanului se petrece iarna, şi vremea este aproape 'europeană' dar nu acesta este punctul cel mai special şi mai diferit. Amos Oz construieşte pentru personajele sale fundalul unui Ierusalim divizat în perioada în care jumătate din oraş era ocupat de iordanieni, şi între cele două sectoare ale oraşului există o permanentă stare de tensiune, rezultatul unui război care cel puţin în această parte a ţării se încheiase cu un armistiţiu fragil şi neconcludent. Un Ierusalim traversat de frontieră şi de sârmă ghimpată, în care şuieră gloanţele în nopţile reci de iarnă, un Ierusalim care pare mă degrabă asemănător cu imaginea Berlinului din timpul războiului rece.

Cu 'Iuda' Amos Oz a scris încă o carte de excepţie, complexa şi pasionantă, cu personaje vii şi care rămân în amintirea cititorilor, o meditaţie asupra istoriei, religiei şi relatiior între acestea, o carte semnificativă pentru Israelul de ieri şi de azi şi de mâine.

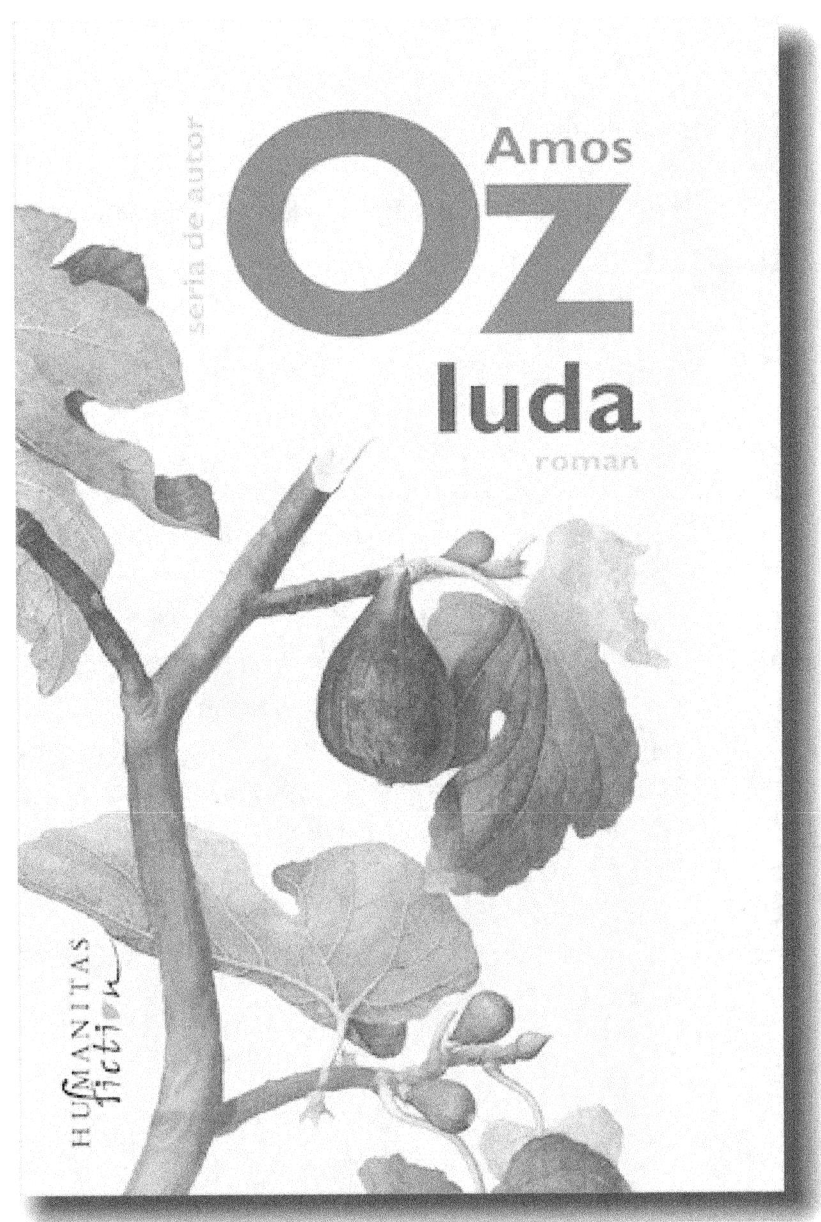
seria de autor
Amos
Oz
Iuda
roman
HUMANITAS
fiction

Dan Romașcanu:

Amos Oz și Fania-Oz Salzberger – Evreii și cuvintele

Cititorii de limba română se bucură de câțiva ani de posibilitatea citirii cărților lui Amos Oz în traducerile apărute în seria de autor publicată de editura 'Humanitas fiction' în coordonarea Denisei Comănescu. Este o ocazie de a cunoaște opera unuia dintre cei mai importanți scriitori isralieni de astăzi, din păcate niciodată recompensat cu Premiul Nobel pentru Literatură. 'Evreii și cuvintele' apărută în 2015 în traducerea Ioanei Petridean este o carte diferită de precedentele din serie. În primul rând nu este vorba despre o carte de ficțiune ci despre un eseu având că temă aventura spirituală care este istoria evreilor și problema extrem de complexă a identității evreiești. Apoi cartea este scrisă în original în limba engleză și nu în ebraica contemporană în care sunt scrise majoritatea cărților lui Amos Oz, și este rezultatul colaborării între scriitor și fiica sa, Fania Oz-Salzberger, de profesie istoric.

Amos Oz
şi Fania
Oz-Salzberger
Evreii
şi cuvintele
eseu
HUMANITAS
fiction

Introducerea cărții ii definește descendența din dialogurile între generații caracteristice istoriei intelectuale evreiești (dar nu numai evreiești) – dialogurile între tată și fiu (sau fiică în acest caz), între dascăl și elev, între rabin și învățăcel. Nu este însă o carte de 'dialoguri' sau Q&A, ci mai degrabă o construcție unitară cu o logică internă și o dezvoltare care își dezvăluie structura pe măsură ce cititorul avansează în lectură. Stilul este și el unitar și talentul de povestitor (și conferențiar – Oz era excepțional și în dialogurile cu publicul) nu lasă prea multe îndoieli în legătură cu identitatea co-autorului care a finisat lucrarea. Referințele la 'scriitorul dintre noi' și 'istoricul dintre noi' care punctează din când în când textul sunt și ele trepte în construcția logică a eseului istoric.

Primul din cele patru capitole ale cărții se intitulează 'Continuitatea'. Unicitatea istoriei poporului evreu este greu de negat chiar și de către cei mai înverșunați dușmani. Secretul supraviețuirii acestui popor care niciodată nu a fost foarte numeros, care nu a cucerit teritorii întinse și nu a construit imperii, care a fost discriminat, alungat, exterminat în atâtea momente ale istoriei, și totuși și-a păstrat identitatea și unicitatea este disputat astăzi și explicațiile sunt multiple – de la teorii etnice și rasiale, până la religie și coeziune comunitară. Toate sunt disputate și contestate nu numai din exterior dar și din interiorul unei culturi care încurajează dezbaterea. Amos Oz găsește că liantul comun și esența continuității evreiești stă în Cuvânt și scriu substantivul de dată această intenționat cu majuscule. Existența unei culturi bazate pe transmiterea informației prin cuvinte – scrise și povestite, rostite ca rugăciuni sau șoptite în taină de părinți copiilor din generație în generație – acesta este secretul supraviețuirii și al continuității în viziunea autorilor acestei cărți.

'Există o legătură genealogică. Analele noastre pot fi consultate, istoria noastră poate fi povestită. Dar "scara noastră de măsurători complet diferită" este făcută din cuvinte. ... Biblia își depășește statutul de scriere sfântă. Desăvârșirea ei literară transcende deopotrivă disecarea științifică și lectura sacră ... Este posibil ca alte mari poeme să fi pus bazele unei noi religii, dar nici o altă operă literară nu a pus bazele, într-un mod atât de eficient, unui codex de legi adaptat unei etici sociale. ... Israelul antic nu a înălțat palate și nu a fost martorul unor miracole, literatura sa este deopotrivaa înălțătoare și miraculoasă. Și dăm afirmației întreagă ei semnificație seculară.' (pag. 17, 20, 21)

Amos și Fania Oz sunt ceea ce se numește în lumea evreiască 'evrei seculari', născuți în Israel și având ebraica modernă ca limbă maternă. Respectul lor pentru religie și cărțile religioase și dragostea pentru limba ebraică reprezintă o recunoaștere a unui mod de viață care a abandonat poate perceptele de zi cu zi ale vieții religioase, dar care păstrează respectul față de tradiție, istorie, cuvântul scris și rostit. Atitudinea lor față de religie și concepția raportului dintre religie și istorie care pentru evrei sunt strâns legate derivă tot din această viziune în care umanismul universal și cunoașterea științifică fac casă bună cu respectul față de ideile fundamentale ale tradițiilor.

'Avram și Moise nu sunt decât simple personaje mitologice? Poate. Dar un lanț conceptual și textual există încă de când primii israeliti au început să folosească cuvântul 'Brit'. Iar la un moment dat, nu mai târziu decât secolul al III-lea i. Ch., a fost instituită o tradiție scrisă, care nu s-a pierdut niciodată de atunci.' (pag. 30)

Cu alte cuvinte, nu existența unui Avram sau Moise istorici este esențialul, ci transmiterea pildelor despre aceștia din generație în generație!

Supraviețuirea istorică a fost posibilă tot numai prin cărți și datorită cărților:

'... după distrugerea celui de-al Doilea Templu, au rămas sacre numai cărțile și anumite cuvinte. Nimic altceva. ... Alungați departe de Ierusalim, deposedați de tabernacul și menoră, doar cărțile au mai rămas. Atunci când fugeai pentru a-ți salva viața din calea masacrului sau a pogromului sau dintr-o casă ori o sinagogă în flăcări, luai cu tine doar copiii și cărțile. Copiii și cărțile.' (pag. 61)

Capitolul al doilea se numește 'Femei vocale' și se ocupă de rolul femeilor într-o cultură și structură socială care părea să excludă aproape complet femeile din universul studiului și al preocupării cu textele sacre. Sunt aduse în discuție argumente legate de figurile feminine ale Bibliei, de personajele istorice ale unor femei cultivate și destul de puternice pentru a lupta și dobândi dreptul de a-și exprima opiniile, dar și figura simbolică – de legendă și de anecdotă – a 'mamei evreice' și rolul ei în educație, în transmiterea tradiției prin intermediul cuvintelor. Și aici este tratată tema raportului între 'adevărul istoric' și dimensiunea sacră a personajelor (bărbați și femei):

'Nu pornim de la premiza că Sara, Miriam sau Hulda au existat cu adevărat. Dar autorii lor au existat și limba lor a existat ... În calitatea noastră de evrei seculari, nu suntem câtuși de puțin interesați de existența sau non-existența istorică a lui Moise ori Miriam. Faptul că povestitorii au fost personaje reale ne este de ajuns. Putem afirma că aceștia au trăit într-o societate obișnuită, cu figuri materne puternice și hotărâte. Într-o societate capabilă să scrie Biblia, cu siguranță au trăit femei precum Sara, Debora și Hulda. Este posibil că doamnele pe care le-am numit să aparțină unui tărâm al mitologiei, la fel ca zeițele grecești – cui îi pasă? – dar cuvintele lor trădează o experiență umană cât se poate de palpabilă.' (pag. 116)

Fascinantul capitol al treilea se ocupă de 'Timp și atemporalitate'. Într-o strălucită trecere în revistă istorică combinată cu analiză pe texte, autorii arată că istoria evreiască pare a face din mulți dintre eroii și înțelepții din vechime spirite care pot fi invocate în contemporaneitate și parteneri ai unui dialog continuu, care sfidează temporalitatea. Unele texte religioase îi aduc pe înțelepții Bibliei în sălile de studiu și dezbatere ale școlilor religioase de peste secole sau milenii, ii angrenează în dispute, le contrazic și le pun sub semnul întrebării argumentele.

'Chiar și astăzi anumiți evrei susțin că trăiesc doar în concordanță cu un cronometru interior al colectivității lor. Mulți alții au fost victimele unei treziri bruște, în clipa in care istoria secolului XX le-a invadat și distrus temporalitatea evreiască. Sionismul, marxismul, laicismul, viața modernă, moartea adusă de Waffen SS.' (pag. 136)

'Holocaustul nu a dat naștere unui Ecclesiast de dată târzie. Sinucigași da. Indivizi care au pierdut lupta pentru sens, da. Dar nimeni nu a scris, după Auschwitz, "nu este nimic nou sub soare". Cumva, circularitatea și repetitivitatea istoriei nu au mai reprezentat o opțiune." (pag. 138)

Temporalitatea istoriei evreiești nu este una lineară. Înțelepții din vechime sunt contemporani evreilor din totdeauna.

'Analele evreilor contrazic afirmația facilă conform căreia istoria este scrisă de tabăra învingătoare. Chiar și atunci când au pierdut, și au pierdut îngrozitor de mult, israeliții, iar mai târziu evreii, au avut mare grijă să scrie singuri istoria. Le-au spus copiilor lor, cu onestitate și fără ocolişuri, toate lucrurile rele care s-au întâmplat: păcat şi pedeapsă, înfrângere şi exil, catastrofă şi fugă.' (pag. 164)

'Facerea, Isaia şi Pildele sunt piramidele noastre, sunt catedralele noastre gotice. Rămân în picioare, înfruntând trecerea timpului. Au hrănit o întreagă pleiadă de urmaşi: de la Mishna la Haskala, de la poezia medievală sefardă la literatură ebraică modernă, de la Gotthold Ephraim Lessing la William Faulkner, cu toţii ne-am adăpat din aceste fântâni adânci.' (pag. 141)

Fania Oz-Salzberger

Capitolul final se ocupă de nume și de identitatea evreiască în relație cu iudaismul religios – de evrei ca individualități și în colectiv și comunități. Interacția cu alte culturi este abordată în câteva aspecte esențiale, deși acest subiect este mult mai vast. Sunt dezbătuți termenii de baza – iudaism, evreu, și sunt identificate momentele și contextele istorice în care au apărut aceste cuvinte și felul în care au evoluat ele în timp.

Un aspect esențial este faptul că definirea evreilor s-a petrecut în exil și reîntoarcerile în Israel (prima după exilul babilonian, în secolul 6 i.Ch., a doua în perioada modernă sionistă) au modificat din nou perspectiva:

'Cândva, în perioada scursă între momentul distrugerii Primului Templu și construcția Celui de-al Doilea Templu, israeliții au devenit evrei. ... Întorși în patria ancestrală, evreii repatriați s-au dovedit a fi plini de energie, cu o deosebită conștiința națională și binecuvântați cu o conducere hotărâtă – semănând foarte mult cu simbolicii lor urmași, două milenii și jumătate mai târziu, sioniștii care au visat și au împlinit cea de-a Doua Întoarcere.'

Exilul a fost determinant în cristalizarea identității evreiești și a termenilor săi fundamentali. Limba ebraică a fost liantul continuității, o limbă care nu a fost niciodată moartă. Chiar în perioadele istorice în care comunitățile evreiești vorbeau limbile locurilor în care trăiau, evreii au continuat să se roage în ebraică, rabinii și elevii lor au citit şi dezbătut cărţile sfinte în ebraică, au scris tratate şi interpretări noi. Au existat intermitent şi perioade de înflorire a literaturii ebraice laice, şi au fost create şi două dialecte – idiş şi ladino – pe care evreii le foloseau în viaţa de zi cu zi. Cultura evreiască până foarte aproape de perioada contemporană a fost legată de cuvintele şi literele ebraice.

'Poporul nu mai avea profeţi şi regi. Învăţătura lor nu a înflorit în palatele şi academiile unor imperii victorioase. Cultura lor nu a dat naştere unor eroi şi soldaţi care să o protejeze, nici unor prinţi care să o patroneze, nici unor binefăcători care să doneze cărţi sau instrumente stiintiice. Eroismul lor umil s-a manifestat între zidurile joase ale sălilor de clasă, şi a fost detestat de către neevrei, era vulnerabil şi neslăvit. Cuvintele au fost catedralele lor.' (pag. 221)

'Cine este un evreu? Oricine se luptă cu întrebarea "Cine este un evreu?" Iată definiţia noastră personală: orice om îndeajuns de ţicnit, încât să se numească evreu, este evreu. Este el un evreu bun sau unul rău? Asta nu poate spune decât următorul evreu.' (pag. 237)

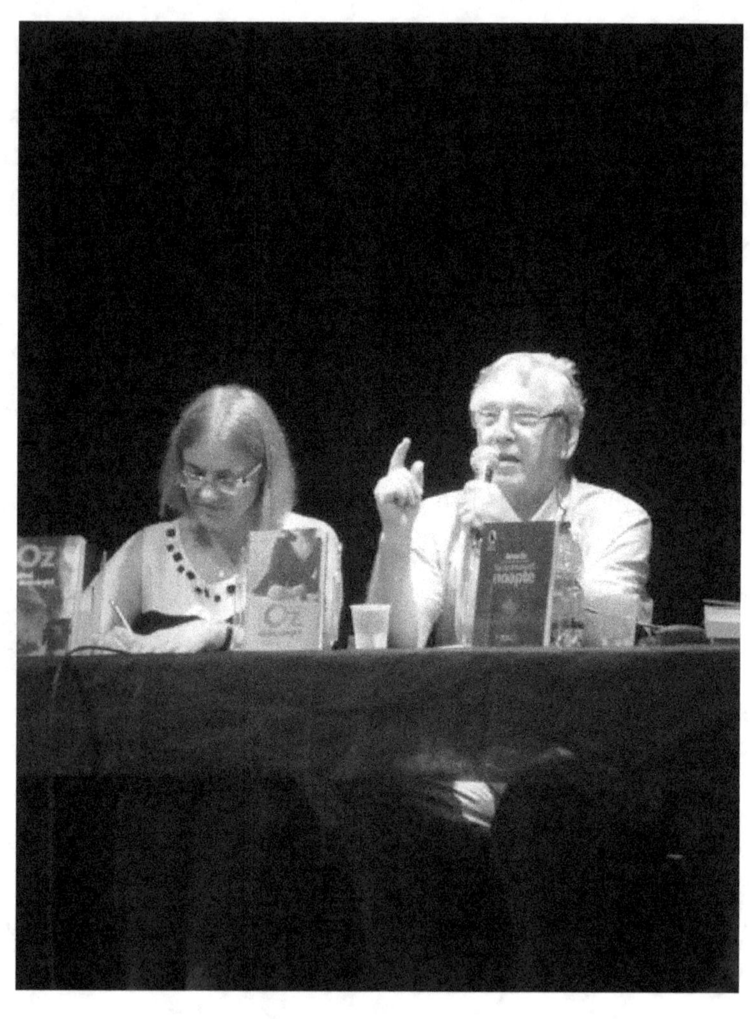

Amos Oz si Denisa Comanescu la Tel Aviv

Definiția personală a lui Amos Oz și a fiicei sale nu este originală. A exprimat-o în cuvinte asemănătoare însuși primul premier al Statului Israel, David Ben-Gurion, deși el nu a avut puterea sau poate voința politică să o transforme în lege. Opiniile autorilor trebuie citite și în contextul dezbaterilor care au loc astăzi în Israel și în lumea evreiască din Diaspora și este bine de ținut cont că ele nu sunt împărtășite de toți evreii sau experții în cultură și istorie evreiască. Există și opinii mult mai extreme care leagă identitatea evreiască mai strâns de perceptele religioase, de continuitatea etnică și genetică. Există și interpetări mai liberale care doresc să deschidă iudaismul oricui și-l asumă și în orice proporție o face. Și există și teorii care neagă aspecte esențiale ale istoriei evreiești, caracteristicile care fac din evrei o națiune, până la a declara însăși noțiunea de 'popor evreu' o ficțiune.

Cultura evreiască nu fuge însă de dezbatere. Dimpotrivă. Un ultim citat în acest sens:

'Și astfel continuăm să discutăm în contradictoriu. Avram cu Creatorul sau, Tamar cu bătrânii tribului, profetul cu regele, Hillel cu Shamai, hasizii cu "opozanții lor", ortodocșii cu laicii...O civilizație vie este drama perpetuă a luptei dintre diversele întrebări, în afară influențelor și a emfazei, o dezbatere neobosită despre ce este grâu și ce este tărâță. Revoltă de dragul inovației."

Dialog perpetuu, dialog între evrei, dialog cu alte culturi, dialog cu însuşi Dumnezeu. Aceasta este esenţa culturii şi istoriei evreieşti.

Închei cu câteva cuvinte despre ediţia de la 'Humanitas fiction'. Ioana Petridean s-a confruntat nu numai cu o traducere din engleză, ci şi cu conţinutul unei cărţi care discută amplu despre limba ebraică – cea veche şi cea contemporană – şi despre istoria unui popor despre care există o imensă baza de cunoştiinţe scrise. Reuşita ei mi se pare aproape impecabilă, textul românesc cuprinde nu numai informaţia extrem de bogată tradusă în mod riguros, dar şi elocinţa şi căldura scrierii lui Oz. Sunt adăugate note explicative extrem de folositoare care se adaugă notelor bibliografice de la sfârşitul cărţii. Aici am o nedumerire, căci notele bibliografice nu folosesc trimiteri directe din text, ci sunt grupate pentru cele patru capitole – nu sunt sigur dacă a fost alegerea autorilor sau a editorilor români, dar mi s-a părut neinspirată.

Publicul cititor de limba română – cel din România dar şi cel din afara hotarelor ţării – are bucuria să cunoască în 'Evreii şi cuvintele' un text de o mare valoare şi complexitate despre istoria şi identitatea evreiască, despre textele şi cuvintele care le-au definit şi le-au asigurat continuitatea şi supravieţuirea. O carte pe care o recomand cu căldură.

Sofia Gelman

Amos Oz 1939-2018

Anul 2005 a marcat aniversarea a 40 de ani de la stabilirea relațiilor diplomatice între Israel și Germania. Cu această ocazie, Universitatea de la Tel Aviv – sub egida prof. Dina Porat – a organizat o seară la Beit Hatfutzot, seară aniversară la care scriitorul Amos Oz a fost invitat să țină o conferință. Partea muzicală mi-a revenit mie grație Dinei Porat, și am susținut-o cu lucrările mele compuse pe versurile poetului Yaakov Barzilai în compania pianistului Ady Rosenkranz, eu fiind solista – alt. Păstrez cu pioșenie amintirea acelui eveniment care mi-a prilejuit să îl cunosc personal pe mult apreciatul Amos Oz.

Seara a debutat cu câteva cuvinte protocolare adresate de către reprezentatul ambasadei Germaniei în Israel a urmat apoi conferința scriitorului Amos Oz, iar la sfârșit, partea muzicală. Sala s-a dovedit a fi neîncăpătoare pentru participanții cei mulți, doritori a fi prezenți la eveniment. Punctul culminant al serii l-a constituit conferința scriitorului Amos Oz căruia i s-a acordat timpul limită de 40 de minute spre a expune punctul său de vedere. Minutele în care Amos Oz a vorbit, s-au scurs cu o repeziciune greu de descris; felul în care și-a construit frazele, limbajul deosebit de bogat, nuanțele cuvintelor alese și nu în ultimă instanță umorul cu care și-a presărat alocuțiunea, toate acestea au contribuit la farmecul deosebit al prezenței sale. La un moment dat, Amos Oz și-a privit ceasul și a realizat că cele 40 de minute stau să se epuizeze; a cerut scuze publicului asigurându-l că nu va trece peste granița propusă de organizatori. Vorbele sale au produs însă un rezultat greu de imaginat în alte circumstanțe: publicul prezent în sală în unanimitate, l-a rugat să povestească în continuare, să facă abstracție de minutele ce-i fuseseră prevăzute pentru discurs. Scriitorul a mai continuat să vorbească - spre marea bucurie a celor prezenți în sală.

Se pune întrebarea: care este farmecul vorbelor lui Amos Oz ? De unde izvorăște interesul celor ce vor să-l asculte ? Care este secretul limbajului său în conținut și în formă cu care își fascinează auditoriul ? Răspunsul poate fi în cartea autobiografică „Despre dragoste și întuneric" unde prin explorarea celor mai lăuntrice unghiuri ale existenței umane - în general - și a destăinuirilor sale – în particular – Amos Oz încearcă o deslușire a sentimentelor cardinale ale vieții fiecărui om cu o adâncă înțelegere și empatie. Scriitorul se adresează fiecărui cititor, pe parcursul lecturii toată lumea va descoperi fragmente care par a fi scrise din biografia sa. Cartea autobiografică „Despre dragoste și întuneric" este o confesiune sinceră în care autorul se destăinuie cititorilor, atingând și cele mai dureroase trăiri din viața sa, cum ar fi sinuciderea mamei sale. Formulat într-un stil care, dincolo de limbajul deosebit de elevat, se adresează cititorului în mod direct, nealambicat spre a trezi empatia, înțelegerea sa pentru cele descrise, spre a stârni participarea sa la derularea acțiunii.

Multitudinea subiectelor atinse și descrise în romanele sale, în eseurile publicate sau în articolele apărute pe parcursul prodigioasei sale cariere, dovedesc interesul său în încercarea rezolvării unor probleme critice ale unei contemporaneități alambicate. Fără pretenția de a scruta în mod exhaustiv cărțile semnate de Amos Oz, în continuare vom supune atenției cititorilor noștri câteva subiecte asupra cărora s-a oprit scriitorul când și-a dorit să se adreseze în mod explicit generațiilor viitoare. Formatul deosebit de interesant al romanului „Cutia neagră" care derulează acțiunea prin formularea unor scrisori trimise de către protagoniștii cărții unii altora, reprezintă un eșafodaj special *sui generis.* Acțiunea se dezvăluie încet-încet grație corespondenței, ea creează o tensiune continuă care se cere rezolvată într-un fel sau altul, iar deznodământul nu întârzie să fie formulat.

Amos Oz s-a aplecat şi asupra temelor de obicei ocolite în literatura israeliană, de pildă, în romanul „Iuda" propune o variantă proprie trădării lui Isus*, prin formularea unei teorii temerare potrivit căreia Iuda ar fi fost de fapt cel mai loial dintre discipoli. Romanul se desfăşoară în două planuri amintind întrucâtva „Maestrul şi Margareta" de Bulgakov.

Eseurile despre fanatici şi despre fanatism, sunt dedicate în mod special copiilor şi nepoţilor săi în speranţa că vorbele sale pline de înţelepciune vor călăuzi paşii celor ce-l ascultă către o soluţie nebeligerantă în confruntarea cu dificultăţile ce derivă din problematica în cauză.

Amos Oz a fost un scriitor apreciat în ţară şi în străinătate, a primit numeroase premii de prestigiu; în ultimul interviu pe care l-a dat, după obţinerea unui premiu acordat pentru romanul sau „Iuda", întrebat fiind ce înseamnă pentru el aprecierile cele multe din ţară şi străinătate Amos Oz a spus : „mă simt flatat când primesc câte o recompensă din partea cititorilor dar, aş fi continuat să scriu chiar dacă aş fi fost pedepsit..."

---

* Este interesant de menţionat că de o veşnicie lumea creştină – care numără azi mai mult de două miliarde de oameni - în fiecare an la 24 decembrie sărbătoreşte ziua de naştere a unui băieţel evreu, altminteri celui care a devenit cel mai vestit evreu din lume, pe nume Isus...

Desen:Baruch Elron

Amos Oz - UN DISCURS

La 29 noiembrie 2016*, doi ani înainte de moartea sa, Amoz Oz a ținut un discurs cu tema "Ierusalimului și suprapunerile sacrului" în cadrul Forumului Global al Bibliotecii Naționale. În discursul său Oz a vorbit despre Ierusalim, orașul în care sa născut. Iată câteva selecții din discurs:*

Despre locurile sfinte

Pentru mine, un loc în Ierusalim a fost sacru de când eram un băiețel: biblioteca. Sunt fiul unui bibliotecar. Se întâmplă să fiu și ginerele unui bibliotecar, soțul unui arhivar, cumnatul unui alt bibliotecar și tatăl a trei scriitori. Ce altceva aș putea să fiu? Ce alt loc ar putea fi mai sfant inimii mele decât bibliotecile?

Oz despre religie

Bunica mea Shlomit, a murit cu aproape 60 de ani în urmă, cu mult înainte de Războiul de șase zile, cu mult înainte de disputele despre locurile sfinte din Ierusalim - ea ar fi putut avea răspuns la problema viitorului locurilor sfinte disputate în Ierusalim. Când eram un băiețel, poate de patru, sau poate cinci ani, bunica Shlomit mi-a explicat cu cuvinte simple diferența dintre evrei și creștini ...

"Vezi tu, băiete", a spus ea, "creștinii, ei cred că Mesia a fost aici odată și va veni din nou într-o zi. Noi, evreii, credem că Mesia nu a fost aici dar va veni. Această dispută, a continuat bunica Shlomit,"a dus băiete la inimagina-bile vărsari de sânge, ură, persecuție, cruzime ... De ce?

Dacă vine Mesia și îți spune : "Bună ziua! Mă bucur să te văd din nou! "- Evreii vor trebui să-și schimbe părerea sau cel puțin să-și ceară scuze creștinilor. Dacă, pe de altă parte, Mesia vine și spune: "Ce faci? În sfârșit ne întâlnim! " - Întreaga lume creștină va trebui să se convertească sau cel puțin să ceară iertare evreilor."Shlomit știa multe lucruri despre situații și soluții nerezolvate.

Ce este sacru pentru tine?

Solidaritatea umană, justiția, împărțirea justa, legislatia, valorile familiare, masa familială, povestirile, simțul umorului - toate acestea sunt componente ale patrimoniului evreiesc.

Voi adăuga la aceasta: viața umană, suferința umană ... Există suferință suficientă dar s-ar putea să nu fie destulă dragoste pentru toți, dar mereu este suficientă durere pentru a evita să adăugăm durere la durere.

Durerea este un foarte bun numitor comun uman. Uneori spun că această durere este aproape socialistă - ea nu distinge între bogați și săraci, evrei și creștini și musulmani ... Durerea este durere. Durerea este un mare unificator.

Amos despre Isus

Nu sunt de acord cu Isus Hristos. Îl iubesc, este aproape de inima mea, dar nu sunt de acord cu el în câteva lucruri. Nu am fost niciodată de acord cu Isus Hristos despre ideea iubirii universale - cum adica toată lumea iubeşte pe toţi ceilalţi. Este foarte dulce, dar foarte copilăresc. Nu sunt de acord cu Isus atunci când spune "iartă-i, pentru că ei nu ştiu ce fac " ... Oh da, ştim. Nu suntem idioţi morali ... Când provocăm durere altora ştim exact ce facem ... Ştim foarte bine. Chiar şi un copil cand trage o pisică de coadă - ştie că provoacă durere.

Ai un leac pentru fanatism?

N-am văzut niciodată un fanatic sa aibe un simţ al umorului ... mai ales un simţ al umorului orientat pe sine ... aceasta este o imunitate puternică faţă de fanatism. Dacă aş putea să condensez simţul umorului în capsule şi să conving populaţii întregi să-mi înghită capsulele de umor, imunizându-le astfel la fanatism, m-aş califica pentru Premiul Nobel, nu în literatură, ci în medicină ... Curiozitate este sacră, umorul e sacru ... Şi ar fi de dorit ca fiecare dintre noi să lupte cu dârzenie, împotriva fanatismului din noi.

Miriam Krule *

OZ despre OZ

Poate că nu sezizați de la început, dar asemănările dintre Amoz Oz și Woody Allen, doi scriitori evrei care s-au născut între cele două războaie mondiale, care au ajuns fiecare să definească epoci specifice și zone geografice ale culturii evreiești, sunt izbitoare. Când Oz era în New York pentru o conferință de pe strada 92 , el pomenea în mod sigur pe Allen, cu o zicere, una dintre cele mai faimoase ale iudaismului: "Ca evreu", a remarcat el, "mă simt vinovat de invenția vinovăției".

Vinovăția nu a fost singură emoție din mintea lui Oz, în timp ce el a glumit despre cei peste 40 de ani de muncă cu editorul publicației New Republic, Ruth Franklin. Într-un fel, întotdeauna s-a întors la tema nefericirii. La un moment dat el a declarat: "Dacă mi-ai fi cerut să-mi descriu lucrarea într-un singur cuvânt, ar fi " familii". Dacă mi-ai fi dat două cuvinte, ar fi "familii nefericite." Tradusă recent în limba engleză „ Scene din viața de familie“ face uz de figuri de stil din Tolstoi. Cartea s-a născut dintr-un vis, pe care OZ l-a transformat într-un roman de povestiri despre satul fictiv Tel Ilan. Ca multe din celelalte cărți ale sale, este vorba despre dragoste, pierderea ei și singurătate. (Într-una din povești, un personaj arab, Adel, spune unui israelian, Pesach: "Nefericirea noastră este parțial vina noastră și în parte vina voastră, dar nefericirea ta vine din sufletul tău.")

Seara s-a concentrat în jurul traducerii. Oz a citit porțiuni lungi atât în ebraică, cât și în engleză; atunci când a fost întrebat dacă a fost mulțumit de traducerea în limba engleză, el a răspuns afirmativ, spunând că trebuie să fii "necredincios pentru a fi loial". A mai adăugat că povestea, acum celebră, despre felul în care una dintre cărțile sale cele mai de succes, "Poveste de Dragostea și întuneric", a fost tradusă în limba arabă (familia unui arab-israelian, victimă ucisă de de terorismul antisemit, a plătit pentru aceasta).

* *Krule este membră în conducerea editorială a revistei Slate Magazine*

Desene: Baruch Elron

Maria Sava

Amos Oz – Despre fanatism

"În locul unde noi avem dreptate,
n-o să răsară în veci
flori primăvara.
Locul unde noi avem dreptate
e bătătorit și tare
ca un loc viran"

(Yehuda Amichai)

Amos Oz este un scriitor special pentru mine. Face parte din categoria acelor veritabili intelectuali care, pe lângă actul de a fi scris - și a făcut-o la modul sublim- și-a asumat și rolul ingrat de om al cetății. Spun ingrat pentru că a reușit de fiecare dată să se afle în locul în care se întretaie sulițele venite din ambele tabere ale combatanților. În acest context, gândul m-a dus la Mihail Sebastian. La fel ca Amos Oz și Sebastian a reușit să-și facă dușmani atât în tabăra antisemiților, dar și în tabăra intelectualității evreiești.

"*Amos Oz,* spune Nadine Gordimer, *este vocea bunului–simț care se înalță peste confuzia, peste bălmăjeala mincinoasă și isterică a vorbăriei mondiale din jurul conflictelor actuale."*

În eseurile lui despre fanatism autorul analizează cu multă obiectivitate *"rădăcinile istorice care produc floarea hidoasă a violenței, răsădită fără încetare",* (Nadine Gordimer) fără să ofere un panaceu universal în găsirea unei soluții pentru a diminua măcar această plagă ce cuprinde omenirea tot mai mult. *"Umorul ironic cu care luminează problemele vitale face ca totul să fie mai grăitor."* (Nadine Gordimer)

"Așadar, cum pot fi lecuiți fanaticii? Una e să urmărești o șleathă de fanatici înarmați în munții Afganistanului, în deșerturile Irakului sau în orașele Siriei. Să te lupți cu fanatismul însuși e cu totul altceva însă."

"Din momentul în care cercetătorul Samuel P. Huntington a definit câmpul de luptă actual al lumii ca pe un război al civilizațiilor ce are loc mai cu seamă între Islam și cultura apuseană, s-a răspândit o imagine rasistă a lumii, o imagine ce prezintă o confruntare între un grup de "sălbatici teroriști" orientali și niște apuseni "civilizați". Nu așa înfățișează lucrurile Hutington, dar acestea sunt sentimentele pe care le-au provocat afirmațiile lui.

Care sunt "băieții buni"? Care sunt "cei răi"? Dacă în luptele anticoloniale, în antiapartheid situația este destul de clară, în ceea ce privește conflictul israeliano-palestinian nu se dă o luptă între bine și rău, ci e o adevărată tragedie: *"o încleștare între dreptate și dreptate, o încleștare între revendicare foarte puternică, profundă și convingătoare, și alta foarte diferită, dar nu mai puțin convingătoare, nu mai puțin puternică, nu mai puțin umană."*

*Guvernului israelian, de pildă, îi e foarte comod să se sprijine pe formula asta ieftină de western, pentru că ea îi permite să încorporeze lupta poporului palestinian pentru dreptul său de a se elibera de sub jugul ocupației militare israeliene în aceeași grămadă de "gunoi" dezgustător din care răsar fără încetare asasini musulmani fanatici, care comit atrocități în toate colțurile lumii." (*Amos Oz)

Există o soluție în a face dreptate și de o parte și de alta? Da, spune Amos Oz. Unica soluție ar fi *compromisul* în sensul acceptării și al cedării, dar nu al îngenuncherii nici uneia dintre părți. Emoțional, și palestinienii, și evreii sunt la fel de mult de legați de pământul pentru care se luptă. Și pentru unii și pentru ceilalți lupta e la fel de dreaptă. Dacă și în ce condiții ar alege lupta, Amos Oz are convingeri clare, pline de demnitate și bun-simț: *"N-aș lupta niciodată-prefer să fiu aruncat în închisoare-pentru cucerirea unor teritorii străine. N-aș lupta niciodată pentru un dormitor în plus al națiunii. N-aș lupta niciodată pentru așa-zisele interese naționale. Dar m-aș lupta, și încă din răsputeri, pentru viață și pentru libertate, pentru nimic altceva."*

Cum să nu-l fi iubit pe omul care avea un asemenea crez în viață? Cum să nu te pleci în fața tăriei lui de caracter? Rare sunt cazurile de acest fel în rândurile intelectualității contemporane, iertat fie-mi gândul.

Dar Islamul extremist nu deține monopolul asupra fanatismului violent - măceluri, violențe extreme continuă să se producă în toată lumea, chiar și în Occidentul cel bun și civilizat. Fanatismul e mai vechi decât toate ideologiile lumii: mai vechi decât Islamul, mai vechi decât Iudaismul și mai vechi decât Creştinismul. Este o genă a naturii umane. Chiar dacă atrocități, crime, incendieri, profanări de lăcașe sfinte se petrec și în alte părți ale lumii poate la o scară mai mică decât cele provocate de Al Quaeda și de Statul Islamic, delictul e același, gravitatea faptelor nefiind mai mică.

Genocidul, jihadul, cruciadele, Inchiziția, Gulagul, lagărele de exterminare și camerele de gazare, beciurile de tortură și atacurile teroriste lipsite de orice discernământ nu sunt fenomene noi, ele anticipând cu sute de ani înainte ascensiunea Islamului extremist.

Întrebări grele și complicate legate de tot răul care ni se întâmplă pe lumea asta primesc răspunsuri simple cu soluții radicale din partea fanaticului: *"totul e din vina musulmanilor"*, *"a țiganilor"*, *"a globalizării"*, *"a sionismului"*, *"a imigranților"*, *"a celor de stânga"*, *"a secularismului"*, *"a conspirațiilor mondiale"*, *"a lui Soroș"* etc. Nu rămâne decât să-i lichidăm, să-i distrugem pe cei vinovați de răul nostru și, automat, vor dispărea toate necazurile.

Sentimentul civic cel mai puternic al tot mai multor cetățeni "onești" este de dezgust: dezgust occidental față de Orient, dezgust oriental față de Occident, dezgust laic față de credincioși, dezgust religios față de secularism, *"un dezgust zdrobitor, nelimitat care se înalță și se umflă ca o vomă din adâncurile unei nefericiri sau a altei. Dezgustul atotcuprinzător reprezintă una dintre componentele fanatismului de orice fel."*

Ar fi interesant un curs de fanatism comparat pentru a putea face o evaluare și o ierarhizare a diferitelor fanatisme din cât mai variate colțuri ale lumii. Fanatismul din întreaga societate evreiască israeliană a venit odată cu evreii din Europa. Fiecare grup a adus cu sine fanatismul zonei pe care a părăsit-o. Poate că una din cauzele fanatismului tot mai puternic și mai radical este chiar setea nepotolită a unei soluții simple de mântuire, dintr-o lovitură. O altă cauză este că se evită asumarea crimelor din sec al XX-lea, rasiștii jenându-se de rasismul lor, victimele acumulând ură, iar doritorii fanatici de dres lumea ascunzându-și revoluționarismul lor și, în final, uitarea ca semn al expirării vaccinului administrat de Stalin și de Hitler.

Există un fanatism la vedere al organizațiilor dispuse să verse sânge în numele a tot felul de credințe. Există însă și un fanatism mai puțin evident cel din jurul nostru, sau chiar din interiorul nostru: nefumători fanatici care aproape că le-ar da foc celor care aprind o țigară în preajma lor; vegani fanatici care ar putea vărsa sângele celor omnivori etc. Asta nu înseamnă că oricine protestează cu mânie împotriva unei nedreptăți poate fi acuzat de fanatism. Nu volumul glasului te definește ca fanatic, ci **lipsa toleranței față de glasurile oponenților tăi.**

Trebuie remarcat că există grade diferite ale răului. Nu pot fi comparați, spre exemplu, luptătorii agresivi pentru calitatea mediului, sau oponenții furibunzi ai globalizării cu fanaticii care comit atacuri teroriste și nici cu fanaticii care comit purificare etnică. Există tot felul de fanatici pe lumea asta dar toți, absolut toți, știu să numere doar până la unu. Singurul lucru care-i fascinează și le mai răscolește imaginația e moartea, moartea lor și moartea altora. Dezgustați de lumea grețoasă, abominabilă, în care trăiesc, vor să moară, dar să nu moară singuri, să-i ia și pe alții cu ei. Fanaticul visează întotdeauna să schimbe lumea cea rea cu o lume mai bună.

Mersul orbește în turmă, obediența fără nicio obiecție, ardoarea de-a aparține unei grupări umane compacte, strâns unite, sunt atribute ale fanaticului.

Fenomenul infantilizării mulțimilor, care se petrece de o bună bucată de vreme în întreaga lume, nu e întâmplător: cel care își face publicitate și care finanțează publicitatea vrea să-și transforme consumatorii în copii răsfățați care vor să cumpere totul. Dar iată că și între industria divertismentului și politică încep să dispară granițele, politicienii apelând la aceleași metode pentru a-și îndobitoci alegătorii. Comunități din ce în ce mai mari votează pentru cine reușește să șocheze mai mult, să amuze, să-și bată joc de toate regulile și convențiile societății. Media este suprasaturată cu expresii de tipul:" șocant", "înnebunitor", "mortal", "dezastruos" etc.

Aparent tot acest circ diferă de zona mohorâtă a fanaticilor care mărșăluiesc ordonat, în ritmul bătăilor de tobă având în frunte un conducător cu mână de fier.

Aparent numai pentru că şi fanaticul şi infantilul sunt la fel de spălaţi pe creier, la fel de uşor de manipulat.

Cea mai pregnantă trăsătură a fanaticului este că vrea să te schimbe astfel încât să devii ca el. Fanaticul nu vrea să existe deosebire între oameni, dorinţa lui fierbinte este ca toţi să gândească la fel ca el, dorinţa lui este să fie totul la vedere. De aceea se străduieşte să-ţi deschidă ochii să vezi şi tu lumina cum o vede el. Fanaticul e cel mai altruist om din lume. Zi şi noapte nu se gândeşte decât la binele aproapelui său pe care ar dori să-l cuprindă într-o unică şi strânsă îmbrăţişare, să fie una cu el, să nu-i mai dea niciodată drumul, să gândească, să acţioneze la fel ca el. Şi totul spre binele lui, al aproapelui. Fanaticul nu vrea nimic mai mult decât să te mântuie, să te salveze pentru că el te iubeşte mai presus de orice. Te iubeşte atât de mult încât e capabil să te sugrume, deşi regretă profund. Dar n-are încotro, tu nu ştii ce vrei de la viaţă, nu ştii ce-ţi este necesar ca să-ţi fie bine, să mergi pe calea cea dreaptă. Din punctul lui de vedere, fanaticul e deţinătorul unic al adevărului absolut şi menirea lui este să îndrepte omenirea. Marea tragedie apare atunci când cel pe care-l iubeşte şi pe care-l vrea aidoma lui, se opune. În ochii fanaticului devine un trădător.

În general, fanatismul nu debutează cu acele acte teribile de decapitări, autodetonări în spaţii aglomerate sau incendieri de case. Primele manifestări încep acasă cu dorinţa arzătoare de a-i schimba pe cei dragi. De câte sacrificii nu-i capabil un fanatic atunci când vine vorba de binele celui pe care-l iubește? Dar sacrificiul de sine implică, desigur, culpabilizarea beneficiarului, manipularea și, în cele din urmă, controlul total. Câtă tristețe și câtă vinovăție poartă cu sine un copil ai cărui părinți *"s-au sacrificat de dragul lui"!* Nu-i nicio noutate fraza: *"trebuie să ajungi ca mine, nu ca tată-tău"*, sau *"dacă nu te schimbi să fii ca mine, se duce de râpă căsnicia noastră"*. Și să nu uităm: cei care se pot sacrifica pe sine cu ușurință, la fel de ușor îi pot sacrifica și pe ceilalți.

Ce le lipsește fanaticilor? Curiozitatea și forța imaginației! Altfel, nu s-ar închide în turnul lor de fildeș tapetat cu lozinci ultimative. Poate dacă ar încerca să-și imagineze și urmările abuzurilor lor ar mai sta pe gânduri, deși pe unii doar mirosul de sânge și imaginația mădularelor zdrobite i-ar ațâța și mai tare.

Dacă curiozitatea și imaginația nu sunt atât de sigure antidoturi împotriva fanatismului, simțul umorului ar ajuta cu siguranță. Un om capabil să glumească pe seama propriei persoane nu poate fi un fanatic pentru că umorul, autoironia îl ajută pe om să mai scoată afară din interior aerul încins aflat sub presiune.

"Simțul umorului, capacitatea de a ne pune în locul celuilalt, capacitatea de a recunoaște calitatea de peninsulă a fiecăruia dintre noi ne pot apăra cel puțin parțial de gena fanatismului care zace în fiecare dintre noi", spune Amos Oz în încercarea de-a găsi o cale să ne ținem cât mai departe de această boală atât de contagioasă care este fanatismul.

În închiere, să meditām măcar la răspunsul lui Amos Oz din finalul interviului pe care i l-a luat Brigitta Rheinberg de la Princeton University Press în anul 2005:

"Haideți să încheiem cu povestea mea despre Ordinul Linguriței. Cred că, atunci când asistăm la o catastrofă -o explozie, să zicem-, există doar trei opțiuni principale. Prima: să o luați la goană cât vă țin picioarele, iar cei care nu pot fugi n-au decât să ardă. A doua: să-i trimiteți o scrisoare foarte indignată editorului ziarului duneavoastră, cerând ca vinovații să fie dați în șuturi din serviciu. Sau să organizați o manifestație. A treia să aduceți o găleată cu apă s-o aruncați peste foc, și dacă nu aveți găleată să aduceți un pahar, și dacă nu aveți pahar să aduceți o linguriță- tot omul are o linguriță. Da, știu că o linguriță e mică, iar focul e imens, dar suntem milioane de oameni și fiecare are o linguriță. Ei bine, aș vrea să fondez Ordinul Linguriței. Mi-ar plăcea ca aceia care îmi împărtășesc atitudinea – nu fuga, nu scrisoarea, ci lingurița- să poarte întotdeauna la reverul hainei o linguriță, ca să știm că suntem în aceeași mișcare, în aceeași frăție, în același ordin, Ordinul Linguriței. Aceasta este filozofia mea, într-un cuvânt-sau într-o linguriță, cu voia dumneavoastră."

Bibliografie:

1. Amos Oz, Dragi fanatici, Humanitas fiction, 2018, Bucuresti

2. Amos Oz, Cum să lecuiești un fanatic, Humanitas fiction, 2011, București

autor: Maria Sava

Desen: Baruch Elron

Emanuel Pope

Profeția lui Amos

‘’Fiecare dună de nisip de aici ascunde o mare!’’
spuse Profetul, arătând cu mâna-i îmbătrânită
spre pământul ce se întindea la nesfârşit
măcinat de soare.
‘’Şi-n fiecare dintre aceste mări
plutind ca ideile-n aşteptare
o mulțime de insule
acum ascunse privirii noastre
obosite, moderne.
Dar va veni un timp, vă spun
când ne vom regăsi,
fiecare cu fiecare,
şi sub cântecul luminos al înfrățirii şi iubirii
vom bea şi vom petrece cu bucurie
în porturile tuturor acestor nepreţuite,
risipite smaralde.’’

Va veni!

Beatrice Bernath

Lui Amos Oz

poezia
a cântat ultimul țipăt
trăiesc în azi
timpul se mușcă de venă și a rămas
doar o gaură
spațiu
sfâșiat dintr-o amintire conservată
în cutia ta neagră
te-ai căutat în sanitatea cântecului tău
adânc ai săpat
ai găsit adânc
fragmentul furat de copilul din tine
și drept ai spus
cinstit ai scris
și dus ești
nu a rămas decât acea gaură neagră
în mine
nu mă vezi
și nu mă cunoști
dar nimic
nu va mai fi la fel
tu știai că e doar
o săritură mai la stânga și neant
modestie,
liniște în tine
noi
am rămas aici în lumea tristeților nedefinite

Creativitatea în viață *

Diverse persoane erudite
a căror înțelepciune nu se poate evalua
mor în noapte, pe când noi
ne trezim pentru a plânge
în gură cu amarul gust de sânge

Barbari sociali, vecini corupți
demoni urbani ai vieții culturale
sapă de zor, direct la suprafața zilei
clocind în bărbi decrete amorale

Deși n-am fost amici, puteam a fi
chiar murmura fadouri sentimentale
dar ne izbim mereu de viclene legi
și capcane perfide...mentale

Oase vom fi, cu toții curând
depuși în dezolante cimitire
cu locuri simple alocate
de D-zeu, în marea sa dreptate

Se bat ideile pe masa unui pictor
sculptorul lovește piatra cu ciocanul
doar artiștii vor lasă ceva concret
în lumea asta care cere,
să-și consume liberă banalul...

Adrian Grauenfels pentru Amos OZ

*** Ni se spune că la înmormântarea lui OZ guvernul nostru, ministerul culturii, nimeni…
nu au trimis nici flori nici vreun reprezentant oficial.**

Desen: Baruch Elron

Amos Oz în conversație cu Shira Hadad

(https://granta.com/a-room-of-ones-own/)

Translated from the Hebrew by Sondra Silverston

Text din cartea “Din ce e făcut mărul” Editura Keter 2018

Shira Hadad:

Vreau să te întreb despre numele de familie, pe care l-ai schimbat de la Klausner la Oz când ai plecat de acasă pentru a merge la un kibuț la vârsta de paisprezece ani și jumătate. Scrii despre asta doar foarte scurt în "Poveste de dragostei și întuneric". Cum ai ales Oz, un nume care înseamnă curaj sau putere?

Amos Oz:

Nu îmi amintesc exact, dar poate că atunci când am simțit că voi pleca de acasă pentru a merge la un kibuț, curajul și puterea au fost ceea ce mi-a lipsit cel mai mult. A fost ca și cum ai sări de pe o trambulină noaptea, fără să știi dacă există apă în piscină. Deci, acel nume, Oz, a fost un fel de dorință ascunsă. În afară de asta, poate - și nu sunt sigur de ceea ce îți voi spune, căci de fapt au trecut peste șaizeci de ani - poate pentru că a existat o ușoară asemănare între literele mijlocii ale lui Klausner și cuvântul oz. Poate, dar nu sunt sigur. Este numele pe care un băiat de paisprezece ani îl alege, ca și cum ar fi fluierat în întuneric. Astăzi, nu aș alege niciodată un nume atât de răsunător pentru mine.

***Hadad**: Ce nume ai alege astăzi?*

Oz: Ceva mai liniștit, mai puțin obișnuit : Oren, Gal, Evin.

Hadad: *Amos Oren. Amos Gal. Poate că ai fi un om diferit și un scriitor diferit, dacă acesta ar fi fost numele tău. Ți-a fost clar că vrei să-ți schimbi numele?*

Oz: Da, absolut. Când m-am hotărât să tai toate legăturile și să plec acasă, nu am vrut să aparțin cuiva. Nu celebrului profesor și nu la cel care a dorit să fie profesor. Nu am vrut să le aparțin. Singura persoană despre care am regretat a fost bunicul meu Alexandru: nu am vrut să-i provoc durere.

Hadad: *În 1970 ai scris: "Am renunțat la umele Klausner numai pentru că am crezut că un tânăr care începe să scrie bine, ca să meargă pe propriile sale picioare, nu trebuie să fie asociat în literatură unui nume celebru". Deci ai legat schimbarea numelui de autor, de nevoia de a câștigă un loc pentru tine, în calitate de tânăr scriitor. Astăzi explicația ta este puțin diferită, poate mai profundă. Îți aduci aminte cum a reacționat tatăl tău și unchiul tău cel celebru?*

Oz: Tatăl meu a primit-o foarte rău. A suferit foarte mult. El mi-a spus: "Amos Klausner, nu este un nume de aruncat. Ești un unic fiu. " În acel moment, eram singurul fiu. Vărul meu Daniel a fost ucis de naziști, unchiul meu Josef nu avea copii și unchiul Bezalel își schimbase deja numele în Elițedek,
deci cine a mai rămas? - Numai tu, mi-a spus el. Nu i-a fost ușor. Nici pentru mine. M-a rănit ceea ce a spus: că nimeni nu a rămas să continue numele Klausner. Mai târziu, tatăl meu s-a recăsătorit, sora mea Marganita și fratele meu

David s-au născut, dar eu mi-am schimbat numele înainte de ei au apărut.

***Hadad**: Îți pare rău pentru asta?*

Oz: Nu. Dar cred că în timp ce scriam “Poveste de dragoste și întuneric”, am aranjat ca oricine sa poata afla ce nume aveam înainte de Oz. Dar nu, nu am regretat niciodată. Când m-am dus la kibut, am spus că este numele meu și la două zile după ce am implinit șaisprezece ani, m-am dus la biroul Ministerului de Interne din Ramla și l-am schimbat pe buletinul de identitate, deoarece, potrivit legii, nu poți schimba numele până la șaisprezece ani.

Hadad: *Dar la kibuț, te-au numit Oz chiar înainte să faci schimbarea asta.*

Oz: Da. Cred că nici kibuțul nu știa. Cu excepția directorului școlii, Ozer Huldai, care avea documentele. L-am rugat să nu spună celorlalți băieți, care nu știau adevăratul meu nume. Dar, cumva, nu am nici o idee cum, au aflat că am fost dintr-o familie revizionistă de dreapta, iar revizionismul a fost dușmanul ideologic al sioniștilor care au fondat mișcarea kibuțurilor. Așa că unii dintre ei bănuiau că sunt un tip plantat, poate că am venit să spionez. Nu era corect, pentru că eram cel mai de stânga din Kibuțul Hulda. Vă mai spun un secret: în Hulda, la alegeri, întregul kibuț a votat întotdeauna Partidul Mapai central-stânga și au fost foarte mândri că Mapaiul a primit sută la sută din voturi. Seara, imediat după numărarea voturilor, ei au postat o notă la gazeta de perete: "Și de data aceasta, Mapai a primit sută la sută din voturile noastre." Așa a fost până la alegerile din 1960, când a izbucnit un scandal imens în Hulda. Deoarece voturile au fost numărate, au găsit un vot pentru partidul de stânga, Mapam. Întregul kibuț a intors pe dos cerul și pământul pentru a afla cine a fost trădătorul. Dar nu au reusit-o niciodată. Au suspectat-o pe Elyosha, pe Honzo, dar eu eram. Aceasta a fost prima dată când am avut dreptul de vot, i-am trădat pur și simplu și am votat pentru Mapam fara sa spun nimănui. Eram un fel de a cincea coloană.

[Coloana a cincea este denumirea dată agenturii generalului Franco și care activa în Republica Spaniolă în perioada războiului civil dintre 1936-1939. În prezent , sub acest termen se subînțelege în sens general orice agenți secreți ai dușmanului (spioni, teroriști, diversioniști, provocatori, agenți de influență)]. –Wikipedia - NT

Astăzi au dispărut, generația mai în vârstă din Hulda. Dacă ar fi știut despre asta, m-ar fi ucis. Nu am votat pentru Mapai, toată viața mea. Shimon Peres și cu mine am fost prieteni de aproape patruzeci de ani, dar nu am votat niciodată pentru el sau pentru partidul său. Și el știa.

***Hadad**: Când te-ai mutat la kibbut ca adolescent, ai decis, de asemenea, să nu mai scrii povești.*

Oz: Am început să scriu când eram copil. Chiar înainte de a fi învățat cum se scrie, scriam povesti și le spuneam, pentru că era singurul lucru pe care puteam să-l ofer: nu eram înalt, nici atletic, nici un student bun și nu știam cum să dansez sau să fac oamenii să râdă. Singura modalitate prin care am putut impresiona fetele era să le povestesc povești. Obișnuiam să fac povestiri și să le spun în rate. Copiii - chiar și fetele – se adunau pentru a-mi auzi poveștile, pentru că am pus multă emoție, acțiune și violență în ele. Și uneori, un pic de romantism. Deci, copil fiind în Ierusalim, aș fi stat în grădinița lui Pnina în timpul nopții și aș fi povestit povești în rate pentru ceilalți copii, băieți și fete. Mai târziu, în școala elementară religioasă Tachkemoni, în fiecare vacanță se făcea în jurul meu un cerc de băieți, chiar și cei care, înainte sau după povestiri, mă băteau. Poate pentru că mă exprimat bine și ii enervam.

Mai târziu, în Kibuț Hulda, am început să scriu în spatele camerei de cultură a kibuțului. Asta m-a deranjat foarte mult pentru că, la urma urmei, mi-am părăsit casa din Ierusalim pentru a tăia toate legăturile cu lumea cărților și a scrisului. Când am părăsit casa tatălui meu, am terminat cu scrisul. Nu am vrut să fiu scriitor, nu vroiam să scriu povești, vroiam să fiu un șofer de tractor. Ceea ce mi-am dorit cel mai mult era să fiu foarte bronzat și foarte, foarte înalt. Astfel, fetele îmi vor acorda atenția în final.

***Hadad**: Ai eșuat deci. Nu mă refer la bronzat sau înălțime ,ci la a nu scrie povești.*

Oz: În cele din urmă, am reușit să mă bronzez un pic, dar m-am simțit mizerabil rămânând scund. Și scriind povestiri - acest îndemn este mai puternic decât mine. Mai puternic decât rușinea. M-aș fi dus noapte de noaptea, în sala de lectură din casa de cultură de la capătul celălalt al kibuțului. Băieții ieșiseră să joace baschet sau la urmărit fete și, din moment ce nu aveam nici o șansă, am stat acolo singur în acea sală de cultură și am scris poezii. Aveam cincisprezece sau șaisprezece ani, și eram atât de rușinat. Cum mi-era rușine ca atunci când m-am masturbat. Ce faci? Ce faci pe Pământ? Ce naiba faci? Ești nebun? Cu doar un minut în urmă ți-ai promis că ai terminat cu asta, că nu o vei mai face niciodată, de ce acum? Din nou? Când o să te oprești vreodată? Dar nu mă puteam opri. De fapt, în acea cameră din spate am încetat să scriu poezii și am început să fac încercari de proză. Sherwood Anderson mi-a eliberat mâna, dar cred că deja am scris despre asta în Povestea dragostei și a întunericului. Când eram în armată, am început să public povestiri în prestigioasa revistă literară Keshet, editată de Aharon Amir. Cred că i-am trimis o poveste, pe care a respins-o. Apoi am trimis alta și mi-a răspuns cu o felicitare cu cinci cuvinte: "Bine scris! Bun de tipar".

Una dintre primele mele povestiri publicate în Keshet a fost "The Way the Wind Blows", o poveste despre un parașutist care aterizează pe firele electrice sub tensiune. Parțial s-a bazat pe un dezastru care s-a petrecut în câmpurile kibuțului Hulda în timpul unui spectacol de parașutism din Ziua Independenței. Poate trei sau patru ani după publicarea acestei povești, a fost brusc adăugată la lista de lectură a Ministerului Educației pentru examenul de înmatriculare la literatură. Mi-am luat examenele de înscriere în timp ce făceam serviciul meu obligatoriu de armată. Dacă aș fi făcut-o câțiva ani mai târziu, cel mai probabil aş fi fost examinat pe acea poveste. Şi probabil că aş fi eşuat.

Am mai scris o poveste, apoi o altă poveste, apoi o alta. Şi am primit două sau trei scrisori care m-au ajutat puţin să-mi depăşesc teama că poate nu eram deloc bun. Deşi nu o cunoşteam, poeta Dalia Ravikovitch a scris una din scrisorile de inimă care începea cu cuvintele "Am auzit că eşti o persoană extraordinar de tânără." M-am îndrăgostit puţin de ea din cauza poemelor şi a scrisorii ei, şi asta chiar înainte de a o întâlni. Îmi amintesc că am tăiat fotografia dânsei din suplimentul literar al ziarului şi l-am pus între paginile cărţii sale "Dragostea unei Portocale". (În mintea mea, am numit mereu "mărul de aur" al Daliei Ravikovitch, termenul original în ebraică pentru portocală.) Dar nu i-am spus niciodată că am fost îndrăgostit de ea şi nu i-am spus niciodată că ea este un măr de aur.

Cu mai bine de cincizeci de ani în urmă, când a ieşit la lumină prima mea carte, " *Acolo unde urlă şacalii*", m-am dus la secretariatul kibuţului şi am cerut o zi pe săptămână să scriu. A izbucnit o ceartă aprinsă, dar nu între oamenii buni şi cei răi, nici oameni ignoranţi şi ne-ignoranţi. Cei care au fost împotriva cererii mele au avut două motive: în primul rând, oricine poate spune că este un artist. Şi atuncicine va mulge vacile? Unul va dori să fie un fotograf, unul dansator, unul sculptor şi unul cineast. Deci, cine va mulge vacile?

În afară de asta, comisia kibuțului a spus, în mod justificat, că ei nu erau calificați să decidă cine este artist și cine nu este. “Dacă dăm lui Amos timp să scrie, va trebui să dăm la fel, timp tuturor celor care o cer. La urma urmei, nu avem nici o modalitate de a clasifica pe cei care se declară artiști. "Acesta a fost un argument solid. N-am avut nici un răspuns. Nu puteam să stau acolo ca o gorilă care se bate în piept și spune: "Nu, dar eu sunt special. Eu nu sunt ca oricine altcineva. "A fost un bătrân care stătea acolo - când zic bătrân, vreau să spun patruzeci sau patruzeci și cinci, pentru că membri fondatori erau numiți bătrâni , deci și el era numit bătrân. Numele lui era David Ofer și el a spus - (nu o voi uită niciodată) - "Tânărul Amos ar putea fi un nou Tolstoi. Dar la vârsta de douăzeci și doi de ani, ce știe despre viață? Nimic. Nu știe nimic. Lăsați-l să lucreze în câmp, cu noi, încă douăzeci sau douăzeci și cinci de ani și apoi să scrie Război și Pace pentru noi. "A fost un motiv serios. Până în ziua de azi nu sunt complet convins că nu avea dreptate în ceea ce a spus.

Au fost discuții, au existat argumente, voturi și recursuri și, în cele din urmă, am ajuns la adunarea generală a kibuțului, unde mi-a fost acordată o zi pe săptămână, cu condiția că în celelalte zile să lucrez de două ori mai mult. Așa mi-a fost dată o zi pe săptămână să scriu, iar în celelalte zile, am lucrat pe câmpuri. Mai târziu, am învățat la liceul local, cunoscut în kibuț ca "educație avansată".

Obișnuiam să întru în baie să-mi scriu "Michael al meu". În acel moment, am trăit într-un apartament mic cu o cameră și jumătate, iar baia avea dimensiunea unei toalete de avion. Nu dormeam decât jumătate din noapte. Am scris în baie şi am fumat până la miezul nopţii sau ora unu, atâta timp cât am putut să rezist. Stam aşezat pe capacul scaunului de toaletă, cu un album Van Gogh pe care l-am primit cadou de nuntă, în poalamea, un vraf de hârtii peste album, un pix în mână, o ţigară aprinsă în cealaltă. Aşa am scris pe Michael al meu. Cel puţin marea parte a cărţii.

Adesea, atunci când oamenii îmi spun că ei călătoresc undeva pentru a găsi inspirație pentru o carte, un loc în munți sau lacuri sau păduri sau la țărmul oceanului, îmi amintesc de acea baie mică din Hulda.

Când Mihael a fost publicat, am căpătat curaj, m-am dus din nou la secretariat și am spus: "Aş vrea încă o zi pe săptămână să scriu." Din nou, o dezbatere lungă, din nou un argument. Oamenii au spus: "Este un precedent periculos." Unii au spus: "Și alții vor dori același lucru". Dar, deoarece primeau deja nişte bani, membrii secretariatului au fost de acord. "Să admitem că adăugăm o altă ramură mică economiei noastre." Și acum am avut două zile pe săptămână să scriu. Apoi am publicat o altă carte şi încă carte, mărind veniturile kibbuțului și, în cele din urmă, mi s-au dat trei zile pentru a scrie, care era maximul. A fost o partajare epuizantă, nu a teritoriului, ci a timpului: trei zile de scris și trei zile de învățământ liceal, plus gărzile regulate pe care toți membrii din kibuț trebuiau să le facă, paza de noapte, ajutorul la recoltarea fructelor şi însămânțarea câmpurilor de bumbac şi, în vacanțe, am condus tractorul pe câmp sau am lucrat în livezi.

***Hadad**: Şi ai mai scris aşezat pe toaletă?*

Nu. Câteva săptămâni mai devreme, unul dintre fondatori, o membră a kibbuțului numită Giza care a trăit singură, a decedat. A venit din Polonia, de fapt din Galicia, nu să căsătorit niciodată şi nu avea copii. Giza era o femeie elegantă, autoritară, cu părul cenuşiu, bine îngrijit şi ochi ascuțiți, curioşi în spatele ochelarilor. Comitetul de locuințe mi-a dat mobilierul spartan al Gizei pentru noul meu local. Giza m-a iubit foarte mult. Era nelipsită la sesiunile mele literare miercuri seara. Mi-a tricotat chiar şi un pulover şi mi-a dat o pictură mică, originală ca dar, o acuarelă melancolică făcută de un pictor romantic polonez. Mi-a povestit, de asemenea, unele dintre secretele ei, cu condiția să jur că nu le-aş spune nimănui sau să nu scriu despre ele şi dacă aş decide în cele din urmă să scriu despre ele, atunci a trebuit să jur că aş schimba toate numele şi detaliile astfel încât nimeni să nu ştie că povestea era despre ea. Adevărul este că într-adevăr spera să-i scriu povestea într-o zi. Dar camuflată. Pentru că, pe de o parte, ar fi atât de ruşinată dacă ar afla cineva că de două ori a avut "afaceri" cu un bărbat căsătorit, iar pe de altă parte, era înspăimântată că, în cei câțiva ani de viața rămasă, nimeni în lume nu va ştii că a trăit o dată, a suferit şi a iubit şi a avut chiar şi vise. Era totalmente singură, iar eu, de fapt, am fost moştenitorul ei, chiar dacă kibuţul a interzis membrilor să lase ceva moştenitorilor lor.

Toată viaţa mea, doamnele singure , vârstnice mi-au plăcut foarte mult. Obişnuiam să fac o lectură într-o seară pe săptămână în Hulda, de exemplu. Am citit " Only Yesterday" de Agnon şi l-am discutat, am citit şi am explicat, iar vechile doamne urmau să vină. Giza a fost cea mai entuziastă dintre ei, deoarece cartea a fost despre Galicia, casă ei, şi i-a adus amintiri şi emoţii. Giza mi-a spus odată: "Aş fi de acord să fiu mama ta şi poate aş fi de acord să fiu prietena ta. Vreau să spun... în sensul frumos al cuvântului, nu în sens rău, ştiţi ce vreau să spun. Am înţeles, dar nu am crezut complet ultima parte.

Când a murit Giza, ea nu a lăsat un testament, dar era clar că aş putea să-i folosesc mobila. Apropo, mobila a venit cu mine la Arad şi a fost în studioul meu de mai bine de treizeci de ani, până când am plecat de la Arad. Mobilierul Gizei: canapeaua şi cele două fotolii. Mobilier din zilele de austeritate. Din anii cincizeci. Cu ştampila ministerul de raţionalizare şi de aprovizionare aplicată pe fundul fiecărei piese. Aşa s-a făcut că am avut o cameră unde să pot scrie.

***Hadad**: Şi cu timpul, cărţile tale au început să aducă bani în trezoreria kibuţului.*

Oz: Directorul financiar al kibuţului, Oded Ofer, a venit odată să mă vadă (el era fiul lui David Ofer, cel care a spus în şedinţa secretariatu-lui că aş putea fi noul Tolstoi când aveam 40 de ani, dar că sunt încă prea tânăr pentru a fi scriitor). Oded Ofer a spus că a văzut conturile, iar cărțile mele au adus un venit foarte consistent. El a întrebat cu tact dacă productivitatea mea ar crește dacă mi-ar da doi pensionari, prea bătrâni pentru munca fizică, să mă ajute - nu știa exact cum ar funcționa această producție. I-am spus: "Uite, Oded, sunt încă tânăr și sănătos, poate că ar trebui să pui trei pensionari care să scrie și pe mine să mă trimiți la câmp?"

Când am plecat de la Hulda, kibbuțul a spus: "Amos și Nily nu vor primi banii de despăgubire pe care îi dăm, de obicei, oamenilor care pleacă, pentru că Amos ia o întreagă ramură a economiei noastre cu el." Am mers la arbitraj, iar secretariatul Kibuțului Hulda a susținut: "L-am hrănit, i-am dat timp să scrie, l-am trimis la universitate, am investit în el și acum pleacă - bine, bine, nu avem plângeri, dar trebuie să renunțe la banii compensației. "După treizeci de ani de apartenență la kibuț, am fi primit o sumă substanțială, de care aveam cu adevărat nevoie pentru că nu aveam nici un ban. Nimic. Amândoi am fost aproape de cincizeci. Am spus nu. Deoarece, deși am primit multe lucruri de la Hulda, inclusiv ore pentru scris și o cameră în care să o fac, și am fost recunoscător pentru tot, nu primisem talent la scris de la kibbuț. În plus, acea ramură a economiei nu seamănă în nici un fel cu alte ramuri din kibuț, pentru că în timpul perioadelor de recoltă, oamenii erau mobilizați, membri se angajau voluntar să lucreze ore suplimentare la cules fructe sau la culesul bumbacului, dar nimeni nu a fost vreodată mobilizat să mă ajute la scris.

Când m-am îmbolnăvit, nimeni nu m-a înlocuit și când am lucrat ore suplimentare, nimeni nu a înregistrat orele suplimentare. Mai mult, dacă scrierea de cărți este o ramură a economiei kibbuțului, atunci sunt cu siguranță pregătit să petrec două luni, arătând secretele meseriei mele persoanei pe care kibuțul o numește pentru a-mi lua locul.

În cele din urmă, arbitrul a propus un compromis: Nily va primi banii, pentru că ea nu are vreo vină. Dar eu a trebuit să renunț la partea mea. Am părăsit kibbuțul Hulda fără a ne facem sânge rău. Nu exista nici un argument, nici o discordie și nici o procedură juridică. Am plecat cu un compromis. Dar pentru kibuț, s-a produs o întreaga problemă a artiștilor - știu că au existat probleme similare cu sculptorii și pictorii care și-au practicat arta în kibuț. A fost o problema concretă a proprietății intelectuale. Nu sunt sigur că au rezolvat această problemă până în prezent. Cine deține proprietatea intelectuală atunci când artistul este un membru al unui kibuț?

***Hadad:** Drepturile pentru cărțile pe care le-ai scris acolo sunt ale tale?*

Oz: Sunt ale mele, da. Bineînțeles, aș fi putut spune că dau toate redevențele Kibuțului Hulda, dar asta nu mi se părea corect pentru mine.

***Hadad**: De ce ai plecat de fapt?*

Oz: Pentru că fiul nostru Daniel se sufoca, literalmente la kibuț. A trebuit să ieșim de acolo din cauza măslinelor și a îngrășămintelor care i-au declanșat astma. Mai târziu, în Arad, unde ne-am mutat pentru aerul de deșert montan, de care avea nevoie la recuperare, Daniel a adoptat o pisică. Când am vizitat alergologul, a fost îngrozit când a auzit că avem o pisică în casă, care doarme în pat cu Daniel. Daniel avea șapte ani și doctorul a crezut că nu înțelege engleză, așa că a spus: "Trebuie să alegi, să păstrezi pisica sau băiețelul." A fost tăcere în cameră, până când Daniel a spus: păstrez pisica.

***Hadad**: Asta trebuie să fi fost înfricoșător, să plecați aproape fără nimic.*

Oz: Așa a fost, Shira, am sărit într-o piscină pe timp de noapte, fără să știu dacă există apă în ea.

***Hadad:** Interesant, este aceeași imagine pe care ai folosit-o pentru a descrie părăsirea casei tatălui tău la vârsta de paisprezece ani.*

Oz: Shira, dacă ar fi trebuit să oferim o subtitrare la această piesă, am putea să-i spunem "Povestea unui săritor profesionist în piscine goale" Am luat o ipotecă și împrumuturi și ne-am mutat în acea casă în Arad, care nu era un oraș costisitor în care să trăiesc, iar în primii câțiva ani am avut patru locuri de muncă pentru a face bani. Am început la patruzeci și șapte de ani ceea ce tinerii încep de obicei în anii '20. Am fost ca niște refugiați din Coreea de Nord: la vârsta de patruzeci și șapte, am scris un cec pentru prima dată şi am fost uimit când am putut lua bani reali dintr-un perete cu ajutorul unei cartele de credit.

Hadad: *Care erau aceste patru locuri de muncă?*

Oz: A fost astfel: am fost profesor suplinitor la Universitatea Ben-Gurion din Beersheva şi la Colegiul Sapir şi am scris o coloană săptămânală, uneori două, pentru ziarul Davar şi, în plus, am călătorit în diverse locuri în ţară de trei ori pe săptămână pentru a ţine lecturi. O lună pe an, am călătorit în America pentru a preda cursuri, care erau bine plătite. Am avut câţiva ani dificili şi înfricoşători, trăind la marginea sărăciei. Dar aveam doar patruzeci şi şapte, am fost puternic şi, treptat, am plătit ipotecă din casa noastră din Arad. Mai târziu, fără să fiu întrebat, Universitatea Ben-Gurion mi-a trimis o scrisoare, aşa din senin, spunând că devin profesor plin.

Hadad: *Spui că ai plecat, aţi fugit de fapt, pentru că a trebuit. Dar totuşi, aţi fost bucuroşi să plecaţi?*

Oz: Nily era bucuroasă, eu mai puţin. Ea şi copiii nu erau mulţumiţi de kibbuţ. Eu eram bine, aveam câţiva prieteni acolo şi mi s-a părut interesant. De asemenea, am crezut în ideologia kibbuţului. Astăzi ştiu că casele de copii au fost teribile, iar adevărul este că şi eu simţeam asta, dar am suprimat gândul. Dacă aş reuşi să o fac din nou, aş fi lăsat kibuţul mult mai devreme, chiar înainte de astma lui Daniel. Aş fi plecat, pentru că fiicele mele erau nefericite în casa copiilor. Şi, de asemenea, pentru că Nily nu era fericită.

***Hadad**: Fără să intri în viața privată a copiilor tăi, poți să spui altceva despre asta?*

Oz: Există o poveste în cartea mea "Între prieteni" care o descrie mai bine decât orice ți-aș putea spune. Povestea se numește "Little Boy". Casa de copii comunală era un loc darwinist. Întemeietorii kibuțului, atât bărbați, cât și femei, au crezut, ca și Rousseau, că o persoană se naște bine și doar circumstanțele îl corup. Ei credeau, la fel ca și Biserica creștină, că acei copii nevinovați sunt de fapt îngeri mici care nu au gustat păcatul iar casa copiilor era o grădină a Edenului plină de afecțiune, prietenie și bunătate. Ce știau ei, acei fondatori ai kibbuțului? Nu au văzut niciodată copii în viața lor. Ei înșiși erau copii. Ce știu despre ce se întâmplă atunci când părăsiți copiii nesupravegheați? Este suficient să stați la gardul grădiniței pentru a ști o dată pentru totdeauna că nu ar trebui făcut. Ei au dezvoltat teorii întregi: că, dacă copiii s-ar fi văzut unul pe celălalt, le-ar împiedica să imite aspectele negative ale comportamentului părinților lor. Dar noaptea, după ce adulții au spus noapte bună și au plecat, casa copiilor s-a transformat uneori în insula deșertului din povestea" Lordul muștelor". Raiul ajută pe cei slabi. Raiul ajută pe cei sensibili. Cerul ajută pe cei rătăciți. A fost un loc crud.

Mi-e rușine că i-am lăsat pe copiii mei, Fania și Galia, să crească în casele copiilor de la kibuț. Daniel a fost de șase ani când am părăsit kibuțul și de fapt, când avea doi ani, sistemul a fost reformat și toți copiii din Hulda s-au mutat împreună cu părinții lor. Și mai mult, regret și mi-e rușine că atunci când fiicele mele erau agresate, nu aveam curajul de a interveni și de a porni un război pentru a le proteja. Am crezut că astfel de lucruri nu s-au făcut în kibuț. În plus, eram extrem de nesigur, de faptul că eram un "tolerat", o persoană care nu s-a născut și a crescut acolo. Întotdeauna am avut tendința de a mă comporta mai bine decât oricine.

Hadad: *Chiar și atunci.*

Oz: Da, știam foarte bine ce s-a întâmplat în casele de copii, copiilor care erau puțin mai slabi sau neobișnuiți. Știam din experiența mea. Nu mă pot ascunde în spatele scuzei că nu știam ce se întâmplă pentru că am trecut prin toate acestea. Poate pentru mine a fost chiar mai rău decât pentru fiicele mele. Ca un "copil de emigrant", am fost bătut în fiecare zi. Mi-au bătut că sunt alb când ei erau bronzați, că nu am jucat baschet, că am scris poezii, că vorbesc bine, că nu știu să dansez, și că am fost victima a ceea ce ei numesc în armata Israelului un "contra-atac ", pentru că știau că voi părăsi kibbuț-ul într-o zi.

Hadad: *Asta e teribil.*

Oz: Nu pot să mă uit în ochii fiilor mei și să spun că nu știam cât de oribil a fost pentru ei. Pentru că știam. Dacă aș putea întoarce ceasul, aș fi lăsat kibuț-ul cu mulți ani mai devreme. Chiar dacă am fost atras de ideologia kibuțului și poporul său, și - deja am vorbit despre asta - kibuțul pentru un scriitor este poate cea mai bună universitate în care să studieze natura umană. Dar aş fi fost un egoist să rămân acolo. Adevărat, de asemenea, am fost foarte înspăimântat să plec pentru că nu aveam nimic, nici un ban. Nu de la părinții mei, nu de la părinții lui Nily şi, de fapt, nu aveam nicio profesie: eram profesor de liceu fără permis de predare, pentru că nu am studiat niciodată educația. Ce aş fi putut face? Poate că Nily ar fi putut găsi un loc de muncă ca bibliotecar şi eu aş fi putut fi profesor de şcoală într-un loc îndepărtat unde să mă angajeze chiar şi fără un certificat de predare. Am fost îngroziți. Ce aş putea face? Nu ştiam atunci că va veni ziua când voi câştiga bani de la scrierea cărților. Nici măcar n-am visat. Mi-era teamă că n-aş putea niciodată să suport o familie. Astăzi cred că ar fi trebuit să îndrăznesc să părăsesc kibuțul mult mai devreme.

Hadad: *Totuși, trebuie să fi existat un teren intermediar, un anumit curs de acțiune pe care l-ați fi putut întreprinde între extremele părăsirii și al lipsei de acțiune?*

Oz: Am intervenit uneori, dar nu a ajutat prea mult. Și nu am fost destul de curajos. Mi-era frică de argumentare și de altercații cu ceilalți părinți.

Hadad: *Și asta nu s-a întâmplat atunci. Părinții nu au intervenit.*

Oz: Părinții nu au intervenit. Uite, unii au făcut-o. Au existat oameni mai hotărâți decât Nily și eu, care au intervenit și și-au exprimat protestul cu voce tare femeilor care lucrau în casele copiilor și în comitetul educațional: "Ce se întâmplă aici? au făcut asta și asta copiilor mei". Nu se poate continua așa. N-am făcut asta. Ar fi trebuit, dar nu am făcut-o.

Hadad: *Din conversația noastră, obțin o imagine destul de sumbră a ideologiei de kibuț, mai ales modul în care a fost aplicată.*

Oz: Multe obiceiuri din kibuț au rămas în ADN-ul Israelienilor, gene pe care eu le consider bune. Vă amintiți pe Stanley Fischer, care a fost guvernatorul Băncii Israel? Cu o ocazie, el a povestit despre zborul spre Cipru cu soția sa Rhoda. La două și treizeci minute dimineața, Stanley și Rhoda Fischer foarte obosiți se aflau la banda transportoare din Limassol, așteptând bagajele lor. Un pasager israelian a venit la ei și a întrebat politicos: "Scuzați-mă, domnule, sunteți guvernatorul Băncii Israel?", Da a spus el. Unde e cel mai bun loc pentru a schimba banii? Aici, în aeroport sau la o bancă mâine? "Shira, asta îmi place ...atât de mult. Ei mă întreabă ce-mi place despre Israel. Această atitudine. Nu l-a insultat pe Stanley Fischer, nu era nepoliticos, dar omul știa că Stanley Fischer lucrează pentru el. Nu s-ar fi întâmplat niciodată, să spunem, în Franța, sau președintelui băncii germane. Această este gena pe care kibuțul a înseminat-o pentru societatea israeliană. Anarhismul, directivitatea, obrăznicia, polemica, absența ierarhiei. "Nimeni nu îmi va spune ce să fac". Acesta este darul de la kibuțul acelei perioade, din timpul primelor valuri de imigrație în Israel. Știu, bineînțeles, că vine un timp pentru sacrificarea vacilor sacre. Când am scris în cazul în care Șacalul Howl a ieșit împotriva lui Ben-Gurion în afacerea Lavon, am fost plin de bucuria care o ai la sacrificarea vacii sacre: etosul kibuțului, mitul "Tatăl națiunii" și toate acestea.

Astăzi, când văd un șir de măcelari care atacă cu nerăbdare o vacă bătrână și sacră, precum kibuțul, brusc simt că m-am mutat ușor de partea vacii. Nu pentru că eu mă închin la ea; îmi amintesc foarte bine cum m-a lovit și cum a fost lovită. Dar cel puțin a dat lapte, care nu a fost deloc rău.

***Hadad**: În ultimii ani, kibuțurile s-au despărțit sau au fost privatizate. Crezi că kibuțul e pe cale să dispară?*

Oz: Nu. Astăzi, există cel puțin o sută de kibuțuri-cooperative care nu au fost privatizate. Majoritatea continuă să mențină proprietatea comună asupra mijloacelor de producție și aceasta a fost întotdeauna nucleul viziunii social-democratice.

Am putea sper la faptul că kibuțul va avea un fel de revenire cândva. Nu vor dansa hora în sala de mese și nu vor face dragoste pe podea noaptea. S-a terminat. Dar ar putea exista o versiune mai matură a ceea ce acești oameni au încercat să facă într-un mod copilăresc. Nu în peisajul rural, poate nici măcar în Israel. Poate că în viitor vor există mai multe comunități urbane care vor încerca să înființeze ceva similar cu familia extinsă, cu protejarea celor în vârstă, cu o mai mare responsabilitate reciprocă în creșterea copiilor. De fapt, ele există deja astăzi: câțiva dintre nepoții mei sunt membri ai unor comune urbane fascinante. Ce văd azi aici și am văzut și în Arad este un număr imens de oameni care lucrează dincolo de capacitatea lor pentru a face mai mulți bani decât au de fapt nevoie pentru a cumpără lucruri de care nu au nevoie, pentru a impresiona oameni pe care nici nu-i plac. Unii sunt harnici. Nu majoritatea. Majoritatea va rămâne competitivă, adică asta e natură umană. Dar vor fi unii care caută o alternativă. Iar acei oameni ar putea extrage din ideile originale ale kibuțului conceptul bun al unei familii extinse, fără a schimba natura umană, fără o egalitate perfectă, fără a privi în camerele altor oameni pentru a vedea cine are un ceainic electric și cine nu. În orice caz, această a fost societatea care a reușit să cucerească culmi de nedreptate socială doar pentru a descoperi că de cealaltă parte a dealurilor acelea se găsesc scări abrupte ale nedreptății existențialiste.

Ce vreau să spun? Într-o societate care elimină diferențele dintre o femeie bogată și o femeie săracă, diferența dintre o persoană atractivă și una neatrăgătoare devine mai proeminentă. Ce va face tânăra neatrăgătoare? Du-te la comitetul pentru echitate și cere: "Nu o merit și eu"? Am spus o femeie tânără, dar am putut spune la fel de ușor tineri bărbați. Nu există nicio modalitate de a rezolva astfel de lucruri. Și sper că într-o bună zi, în următoarea noastră încarnare, se va întoarce ideea de kibuț, pusă în aplicare de adulți și nu de băieți și fete adolescente care nu au nici o idee. Oameni care înțeleg că, dacă încearcă să schimbe elementele de bază ale naturii umane, nu se va termină bine. Majoritatea oamenilor nu o vor dori, dar ar fi posibil să se ofere unor minorități o regulă ușor diferită.

Hadad: *În afară de a părăsi kibuțul, ce altceva ai face altfel, dacă ai putea trăi a doua oară?*

Oz: Poate că aș investi mai mult în activitatea politică. În nici un caz n-aș fi candidat vreodată pentru Knesset, deși partidele de stânga - Moked, Sheli, Mereț - mi-au cerut de două sau de trei ori să fiu candidat. Dar n-aș fi mers la Knesset. Poate că m-aș fi angajat în mai multă activitate politică în vremurile în care încă credeam că balanțele ar putea fi înclinate, poate dacă aș ști tot ce știu azi. Nu sunt sigur că ar fi schimbat ceva, probabil nu. Aici și acolo sunt lucruri pe care îmi pare rău că le-am spus în mod public. Nu le-aș spune astăzi sau le-aș putea spune într-un mod complet diferit. Nu-ți voi spune de alte lucruri de care îmi pare rău.

Hadad: *Ești pregătit să vorbești despre acele lucruri pe care le-ai spus public?*

Oz: Da. Vă pot da un exemplu. De mai multe ori am scris și am spus că atunci când vine vorba de ocupație, sau pacea și viitorul teritoriilor ocupate, aripa dreaptă israelia-nă gândește cu intestinele iar stânga gândește cu capul. Regret această afirmație. Este un gând simplist și este greșit. Acum mi se pare că atât stânga, cât și cea dreaptă gândesc cu capul și cu burta, și uneori se gândesc la teritorii și la pace cu capul și din burtă, în același timp.

Hadad: *Curios, de la povestea amuzantă despre camera ta de scris, unde am ajuns.*

Oz: Da, în ziua în care mi-au dat o cameră proprie și am fost înconjurat de mobilier pe care l-am moștenit de la Giza, lumea s-a schimbat pentru mine. Pentru că până atunci am fost nevoit să mă ascund în tot felul de locuri pentru a scrie ceea ce am scris. În sala de lectură din spatele sălii de cultură, noaptea când nimeni nu se afla acolo, sau în baia apartamentului nostru de unu și jumătate camere. Acum, dintr-o dată am avut un loc unde știam că pot închide ușa și am câteva ore de lucru. Lumea s-a schimbat. Totul era diferit. M-am simțit ca și cum aș fi câștigat un milion de dolari în loterie. Niciodată nu am crezut în muze, în inspirație sau în așa ceva, dar în clipa în care aveam o masă, un scaun și o ușă pe care aș putea să o închid, totul era diferit. De exemplu, de îndată ce aș putea să iau o pauză pentru a scrie câteva ore, lăsam hârtiile pe masă să mă aștepte și nu eram nevoit să le împing rapid îndoite într-un fișier de carton, astfel încât nimeni să nu le vadă, viața mea s-a schimbat. Complet. Probabil poeții pot scrie în cafenele!

Hadad: *Te simți vinovat în zile de genul ăsta?*

Oz: Astăzi știu că face parte din joc, dar m-am simțit vinovat timp de mulți ani. Când kibuțul mi-a dat două zile și apoi trei zile să scriu, mă trezeam la cinci, mergeam în camera pe care mi-au dat-o, stăteam acolo până la prânz, scriind patru sau cinci propoziții, ștergeam două. Au fost zile când am scris patru propoziții și am șters șase, două din ziua precedentă. Apoi, la prânz, dus în sala de mese să mănânc prânzul m-am umplut de rușine, pentru că așezat la stânga mea era cineva în haine de lucru care în acea dimineață ar fi arat deja cinci acri pe tractor și în dreapta mea un altul care deja mulsese treizeci de vaci și eu aș sta acolo între ei mulțumindu-i lui Dumnezeu că nimeni nu știa că am petrecut întreaga dimineață scriind șase linii și ștergând trei dintre ele. Ce drept aveam să mănânc prânzul aici? M-am simțit foarte vinovat. Apoi, treptat, am dezvoltat o mantra pentru mine. - Amos, mi-am spus, ceea ce faci este similar cu ceea ce face un slujbaș. Merg la lucru în fiecare dimineață, deschid magazinul alimentar, apoi stau și aștept clienții. Dacă vin, este o zi bună. Dacă nu, tot ți-ai făcut slujba ai fost prezent și ai așteptat: "N-ai nici o idee cât de mult mantra asta mă liniștea.

***Hadad**: Cu permisiunea dumneavoastră, voi adopta mantra asta pentru mine.*

Oz: Nu citesc ziarele când trebuie să scriu, nu joc solitaire și nu fac altceva. Nici chat, nici un tweet, nici un e-mail, nici un film porno - doar stau acolo și aștept. Uneori ascult muzică. Mantra m-a făcut să mă calmez. Nu trebuie să vă spun că vinovăția este o invenție evreiască. Părinții noștri au inventat-o aici în Israel. Apoi, creștinii au venit și au comercializat-o cu succes colosal în întreaga lume. Dar brevetul este al nostru. Ca evreu, am sentimente groaznice de vinovăție cu privire la faptul că am inventat sentimente de vinovăție. Dar, în același timp, dacă trece o zi și nu am sentimente de vinovăție, mă simt vinovat noaptea pentru că a trecut o zi întreagă și nu am avut sentimente de vinovăție. Suntem diferiți de creștinii care și ei comit o abundență de vinovății, pentru că evreii sunt campioni mondiali care suferă fiind de vină, fără să se bucure mai întâi de plăcerile păcatului.

Știu că această zicere ar trebui să aparțină lui Woody Allen, dar am fost eu cel care a spus-o. Câteodată vinovăția poate fi o forță motrice. O persoană care are sentimente de vinovăție suferă, dar cineva care nu le are este un monstru.

Hadad: *Poate că budiștii au reușit să se scape de vinovăție. Nu știu.*

Oz: Dacă au făcut-o, sunt teribil de gelos, dar numai pentru moment. Un minut mai târziu, nu mai sunt gelos, aproape că resimt milă. Sentimentele de vinovăție sunt ca un condiment bun pentru aproape totul: creativitate, sex, părinți, relații. Un pic de condiment. Dar dacă suntem serviți cu un platou plin – atunci...ajutor!

Traducere: Adrian Grauenfels – 2019

Note:

Shira Hadad *este editor și scriitor Doctor Ph.D. absolventă a secției de literatură la Universitatea Columbia. Teza sa de doctorat se referea la lucrările lui Shai Agnon. Timp de opt ani, doamna Hadad a fost editorul de literatură ebraică pentru firma Ketter, iar astăzi este editor independent de carte și scenarist. Ea a editat romane de Amos Oz, Zruia Shalev, Dror Mishani, Yaron London etc*

Amos Oz despre starea literaturii în anii 80-90

"The written world," he wrote in his memoir, "always revolves around the hand that is writing, wherever it happens to be writing: where you are is the center of the universe."

În acest fragment al "Proiectului de arhivă", produs de " Literary Arts - Portland Oregon" , (Octombrie 1998) scriitorul israelian Amos Oz discută literatura israeliană, ebraica ca limbă vorbită și scrisă, influența Holocaustului asupra literaturii ebraice.

Iubesc Israelul, deși uneori nu-mi place. De fapt, îmi place Israelul în momentele în care nu pot să-l suport. Și Israel... sunt sigur că știți, Israelul nu este nici țară, nici națiune. De fapt, este o colecție de argumente fierbinți. "5,6 milioane de cetățeni, 5,6 milioane de prim-miniștri, 5,6 milioane de profeți și Messi, fiecare cu propria sa formulă personală pentru soluții instantanee de compromis și de salvare". "Știu bine, cuvântul compromis are o reputație teribilă în limba engleză, mai ales în USA, pe Coasta de Vest. Acesta este locul idealistilor și se pare că ei privresc compromisul ca o lipsă a principiilor, lipsa coloanei vertebrale, lipsa integrității, lipsa de devotament, lipsa de tot.

Permiteți-mi să vă spun, în vocabularul meu, cuvântul compromis este sinonim cu cuvântul viață în sine. Și opusul compromisului nu este integritatea, iar opusul compromisului nu este idealismul - opusul compromisului este fanatismul și moartea. Acolo unde există viață, există compromisuri. Subliniez: compromis și nu capitulare. În anii '50, starea de vinovăție, a fricii, a mâniei politice și sociale cât și răzvrătirea politică au reapărut în literatură cu o mare vigoare. Începând cu anii '60, se poate descifra o revenire semnificativă a unor teme și lozinci care au fost atașate generațiilor anterioare. În ebraică, contextul de bază pare să readucă puternic pe scenă, poeți și romancieri supraviețuitori ai masacrului nazist, afectați de o persistentă frică a unui nou dezastru care se apropie, dorul de locuri îndepărtate și ferite, scepticism, ironie, chiar ură de sine. Crezul politic este conceput ca un patos emoțional, el persistă, turmentat de ambiguitate morală și, în final, conducând la o căutare teologică ținută secretă."

Delia Marc - Odihna desăvarşită, de Amos Oz

Prima mea întâlnire cu Amos Oz (prin intermediul cărților sale) a avut loc demult, pe 8 iulie 1981, așa cum consemnează pagina de gardă a volumului "Soțul meu, Mihael", apărut la Editura Univers (1981) – colecția Globus, în traducerea Lidiei Ionescu. O carte impresionantă ca psihologie, ca informație și ca model constructiv al formării caracterelor și destinelor într-un Israel modern. Eram (și sunt) o personalitate sensibilizată la tot ce înseamnă Israel și de altfel, această lectură a fost și un preambul la prima mea vizită în această țară, în noiembrie-decembrie 1981, unde odată ajunsă, m-am simțit ca acasă și datorită paginilor scrise de Amos Oz. Atunci, dar și cu ocazia altor vizite, am vizitat kibbutzuri și am ascultat multe persoane în vârstă depanandu-și amintirile venite din timp. Și am încercat să îi înțeleg pe acei oameni povestind despre alegerea și hotărârea lor de a se adapta, trăi, activa și dezvolta personalitatea și familia în această formulă socio-politică numită kibbutz. Mulți dintre ei, proveniți din țările est-europene, mulți dintre ei victime ale antisemitismului, ale holocaustului și suferind pierderea familiilor și a prietenilor.

Kibbutzul le-a redat respectul de sine, pacea interioară, identitatea și sentimentul de egalitate și dreptate socială. Și libertatea de a-și dezvoltă personalitatea. Nu orice structura psihologică umană poate însă să se adapteze unei astfel de organizări cu rădăcini considerate tribalo-socialiste. Convenționale și neconvenționale – aspectele organizării vieţîi în kibbutz ţin de acele resurse interne la care nu orice individ are acces sau este dispus să le acceseze, cu alte cuvinte – nu orice venit, poate să şi rămână! Menucha Nechona / A Perfect Peace / Odihnă desăvârşită, publicată pentru prima dată de autor în 1982 este o carte care ilustrează exact problemele psihologice ale câtorva personaje caracteristice locuitorilor Kibbutz Granot, pe parcursul a două capitole intitulate nu întâmplător – unul – Iarna – şi celălalt – Primăvara, cu întindere pe anii 1965 – 1967. Iarna şi primăvară lui Ionatan Lifshitz (fiul cel mare al Secretarului Kibbutzului), "băiat extraordinar (...) însă o fire închisă; un suflet sensibil" sunt etapele definitorii pentru personajul principal (amorţirea, înţepenirea, auto-prizonieratul-interior şi apoi renaşterea), dar şi pentru toţi aceia cu care viaţă îl aduce în contact. Ionatan are frustrări puternice şi tanjeste acum la cei douăzeci şi şase de ani ai săi să se elibereze de tot ceea ce a însemnat şi înseamnă viaţa sa sub rigorile stricte ale serviciului militar şi apoi ale kibbutzului, ale familiei sale dominate preponderent de idealurile sionismului şi ale căsniciei sale cu Rimona alături de care se simte străin şi golit de iubire şi comunicare. Se simte strivit şi anihilat, iar revoltele sale tăcute sunt dese şi nasc hotărârea de a se elibera, de a pleca, de a părăsi kibbutzul, de a-şi caută pacea interioară în deşertul iordanian, ori altundeva în lume.

"Ce se aude dacă tăcem? O mulţime de păsărele de jur-împrejur. Nu cântă. Schimbă între ele sunete scurte, nu de bucurie, nu de un calm odihnitor, ci un fel de vibraţie vie şi febrilă care să ne prevină că ne pândeşte o nenorocire. E

ceva asemănător cu panica în zarva pasarelelor, încă o clipă și va înceta, încă o clipă și va fi înlocuită de altă, o groază tăcută, fără sunet și fără culoare. Ca și cum păsările acelea ar spune ultimul lucru pe care îl au de spus, știind că trebuie să se grăbească, pentru că timpul a expirat deja. Dincolo de țipătul păsărelelor, se aude foșnetul vântului șoptind în urechile coroanelor albăstrui ale copacilor un legământ secret. Și dincolo de vânt, sunetele pământului și ale pietrei, freamătul adâncimii întunecate, sunet-fără-de-sunet îndepărtat și ceva care vine dind ă ratul ruinelor satului ca un vânt care bate dinspre munții din est, ușor ca atingerea degetelor ucigașului pe gât, înainte de strangulare. Secret ca foșnetul mătăsii e suflul morții care absoarbe seva vieții. Taci, copile, taci, nu scoate niciun cuvânt. Dacă ai să dormi, ai să auzi, dacă ai să auzi, ai să dormi mereu. Cine stă liniștit se odihnește, iar cine face zgomot va pierde ."

Pe de cealaltă parte, apariția în plină iarnă (exterioară și interioară a lui Ionatan) a lui Azaria Ghitlin reprezintă sosirea acelei păsări călătoare ce-și caută locul mult visat pentru a-și construi cuibul. Deși nu face parte – ca vârstă – din generația întemeietorilor, acesta este la fel de înaripat de idealurile socialist-sioniste. Guraliv, îmbibat de lecturi clasice sau doctrinare, el exprimă toate acele gânduri și sentimente ușor utopice, ușor obositoare prin stereotipie și naivitate și până la urmă pline de umor, dacă este să ne gândim la faptul că pasărea călătoare se dovedește a fi un fel de cuc oploșit în cuibarul altei înaripate.

- *Un "tânăr ciudat, puțin nebun, cu vorbăria lui iesterică " "dar care are o sclipire ce trebuie cultivată, pentru că poate, într-o bună zi, va face lucruri mari și ne va aduce binecuvântarea"-* , spune Shrulik despre Azaria. Și iată o mostră a construcției mentale a lui Azaria: "*Dar eu cred din toată inima că există dreptate și că putem și trebuie să fim buni și kibbutzul e un lucru minunat, e ca o minune care li s-a întâmplat evreilor după toate chinurile și hăituială și e o minune că există un stat și o armata și toate astea, doar că trebuie să învățăm să ne împăcăm, îți spun eu, Ioni, să ne împăcăm încet-încet cu țara asta bună, cu copacii și cu munții și cu iarba și cu arabii și cu fiecare șopârlă și chiar și cu deșertul și, în general, cu situația. Și noi între noi. Toți, Ioni, te rog, nu mă bate.* " Generația vârstnică, a întemeietorilor – după cum spuneam, a lui Iolek -tatăl lui Ionatan și a lui Shrulik – noul secretar al kibbutzului, după ce bătrânul Lifshitz se îmbolnăvește grav, are și ea la rândul ei, înțelegeri și nuanțări diferite ale realității deceniului al șaptelea. Și o reușită de progres o reprezintă acest Shrulik (o oarecare imagine autobiografică a autorului), fin observator al timpului și oamenilor care îl înconjoară și mai ales al tinerilor. Iar jurnalul pe care îl ține este martor al gândurilor și frământărilor sale, din nou, cu mult umor și duioșie: " *Și nici în chestiunea tineretului nu mă pot exprima: uneori îi observ (de la distanță) pe tinerii ăștia, bărbați care au trecut deja prin războaie și au tras cu arma și au omorât, dar au și arat hectare întregi de câmpie și cu toate acestea au apucături de boxeri căzuți pe gânduri. Tac. Ridică din umeri. Spun da și nu și posibil și ce-mai-contează. Soluție: ce bizar mi se pare cuvântul ăsta uzat. Toată viață căutăm și găsim soluții. Pentru problema tineretului, problema arabilor, problema diasporei, problema bătrânilor, problema terenului și a apei, problema pazei, problema erotică, problema locuințelor și câte altele. Parcă ne-am strădui toată viață să descoperim formula prin care să ordonăm valurile marii. Sau să aranjăm în șiruri de câte trei, ca la armată, stelele de pe cer .”*

Și pentru că până la urmă – bizareria vieții este că orice am face, oricum am încerca să ne rostuim cărările vieții pe traseul istoriei, tot dragostea este aceea care ne definește ca oameni, iată ce consemnează Shrulik în jurnalul sau, urmărind de la fereastră – evenimentele din kibbutz : “ *Scriu și îmi vine să râd: la vârsta mea, din poziția mea mă lamentez ca un elev de liceu – există sau nu dragoste? Și totuși: există sau nu există? Și dacă există, cum e posibilă când se află în contradicție cu tot restul? De exemplu, tată și fiu. Soț și soție. Toți, ca virusul unei boli misterioase, poartă în ei o înstrăinare reciprocă, singurătate, durere și dorința obscură de a provoca durere. Sau nu de a provoca durere: de a se folosi de celălalt. De a-l schimba. De a-l întrista. De a-l supune și de a-l stăpâni. De a-l îngrădi pe cel drag în inima lor ca și cum ar fi o pastă de modelat în mâinile lor.* ***Ca apa mării*** *.”*

Paginile carții sunt deopotrivă îmbibate de tristețe și de umor și ambele sentimente și trăiri sunt exprimate cu o duioasă și intimă cunoaștere a sufletului omenesc. Și până la urmă, iubirea pentru oameni și dintre oameni, misterul acestor iubiri și formele multiple și neașteptate pe care le pot lua sunt exprimate într-o frază sintetizatoare-interogativă de către Shrulik: “ Care e vraja care l-a determinat pe Iolek, pe de o parte și pe Rimona, pe de altă parte, complet opusă, să-l adopte pe Azaria ? Fiecare dintre eroii lui Oz nu caută “ o odihnă desăvârșită ”, ci o viață sigură într-un loc bun. O casă. Și dragoste. Tot în jurnalul sau, Shrulik scrie: *“ Bialik, în poezia <Privește-mă>, întreabă ce este dragostea. Iar eu îi răspund aici: Domnule poet, iartă-mă, nici eu nu știu. Un zvon. O umbră trecătoare. Un miraj. După asta a plecat Ioni cine știe unde. Asta caută și Azaria tocmai la noi, aici? Există oare iubire în lume? Scriu și îmi vine să rad: la vârstă mea, din poziția mea mă lamentez ca un elev de liceu – există sau nu dragoste? Și totuși: există sau nu există? Și dacă există, cum e posibilă când se află în contradicție cu tot restul? ”*

Trecutul și prezentul Israelului, în viziunea lui Amos Oz, prin cuvintele – din nou – ale lui Shrulik (din finalul romanului): *“Pământul e indiferent. Cerul e mare și misterios. Marea e misterioasă. Călătoriile păsărilor migratoare. Piatra tace mereu. Moartea e puternică și omniprezentă. Cruzimea e sădită în noi toi. Fiecare e puțin ucigaș: dacă nu al altora, al propriului suflet. Iubirea – încă nu o înțeleg, cu siguranță nu voi mai avea timp să o înțeleg. Durerea există fără putere de tăgadă. Dar cu toate astea, e clar că putem face două-trei lucruri în privința asta. Putem, deci suntem obligați. Restul – cine știe? Vom trăi și vom vedea .”*

CUPRINS

ISBN 978-0-359-41012-5

www.ingramcontent.com/pod-product-compliance
Lightning Source LLC
Chambersburg PA
CBHW060500290526
45791CB00001B/199
9780359410125